Oh baby!

PREGGERS

DENISE KORTLEVER

Oh baby!

DE ALLERLEKKERSTE
GERECHTEN TIJDENS JE
ZWANGERSCHAP

Spectrum

Voor James

INHOUD

INHOUD

Canon

Voorwoord

Als je dit boek in je handen hebt, ben je waarschijnlijk zwanger. Van harte! Je bevindt je in een enorm bijzondere periode waarin er van alles gebeurt in je lijf en hoofd. En of het nou je eerste, tweede of zoveelste kindje is*, en of zwanger worden nou heel gemakkelijk was of juist een moeizaam traject: het is en blijft een groot wonder. Er groeit gewoon een klein mensje in je buik en dat gaat helemaal vanzelf.

Mijn zwangerschap was heel erg gewenst en ik vond het – naast ontzettend spannend en onwerkelijk – oprecht heerlijk om zwanger te zijn. Minder heerlijk vond ik de zwangerproof recepten die ik tegenkwam en de (vaak ongevraagde!) adviezen die je als zwangere krijgt. Ellenlange lijsten met wat je allemaal wel/niet mag eten, saaie dagmenu's en de opdracht om alles goed te doorbakken. Alsof je als zwangere vrouw totaal niet meer geïnspireerd wilt worden.

Terwijl juist in je zwangerschap lekker eten soms best wel lastig kan zijn. Want wat eet je als je je niet fit voelt tijdens die pittige eerste weken? Hoe zorg je dat je gezond eet voor je kleintje, juist als je weinig puf hebt om te koken? En wat doe je met al die gekke cravings?

Ik wilde dolgraag een heerlijk kookboek creëren, dat perfect zou zijn als cadeautje voor jezelf of een zwangere vriendin/zus/dochter/collega. Een gevarieerd boek met waanzinnig lekkere zwangerproof recepten.

Van snelle maaltijdsalades die goed zijn voor jezelf en je baby tot zalige éénpersoons triple chocolate cookies voor je zwangere cravings. Maar ook lichte power-meals voor als je last hebt van misselijkheid en zwangerproof sushi, cocktails en filet américain. En zeker ook met de ideale maaltijden om vast vooruit te koken voor in de drukke kraamtijd, want wat was ik achteraf blij met die goedgevulde vriezer!

Voor dit boek heb ik oneindig veel versies van elk gerecht getest. Zo maakte ik acht soorten zwanger-proof filet américain, zes soorten tiramisu en zeven verschillende ontbijtparfaits voordat ik helemaal tevreden was. Ik fotografeerde alle 47 recepten op verschillende manieren om dé perfecte foto te kunnen selecteren en ondervroeg elke zwangere in mijn omgeving eindeloos over haar cravings en rare voorkeuren.

Ik hoop je met dit boek te inspireren om die negen maanden heerlijk door te komen. Want *oh baby,* wat is het bijzonder!

Liefs,
Denise

SHARE! Laat het me vooral weten als je een gerecht heb gemaakt, want dat vind ik waanzinnig leuk. Deel je foto's met #ohbabyboek op social media of stuur me een berichtje via thealldaykitchen.com.

PS Ik hoop dat je dit boek niet alleen tijdens je zwangerschap gebruikt, maar zeker ook daarna. Want de recepten zijn toevallig allemaal zwangerproof, maar dat wil natuurlijk niet zeggen dat je er alleen als zwangere van kunt genieten!

** of kindjes zijn*

Tips & tricks

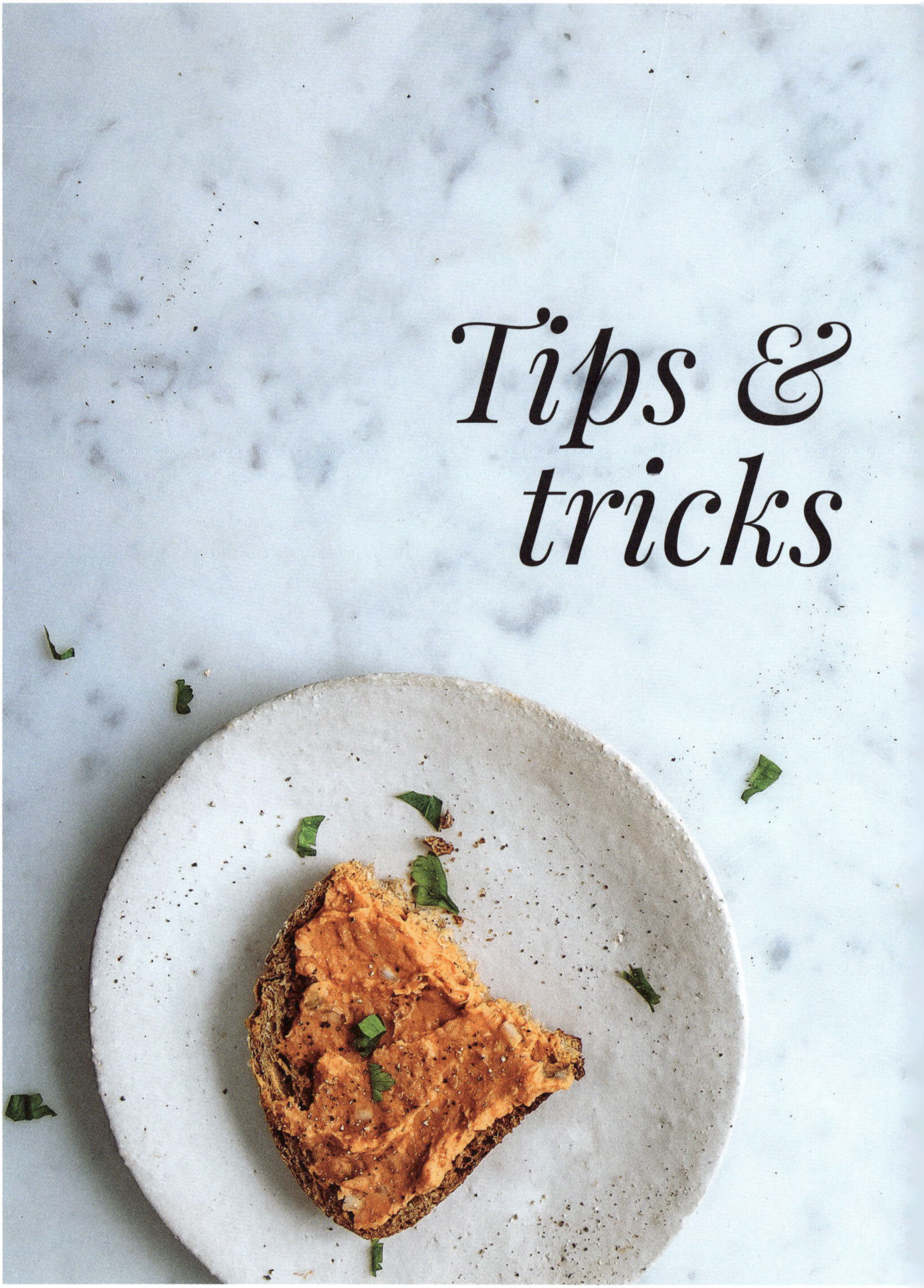

OPMERKINGEN BIJ DE RECEPTEN

Een theelepel (tl) is 5 ml, een eetlepel (el) 15 ml.

In alle recepten heb ik uiteraard gelet op zwangerproof ingrediënten. Check voor de zekerheid nog even of de door jou gekochte kaas inderdaad gepasteuriseerd is, was groenten en fruit grondig voor gebruik en zorg dat je vlees en vis goed gaar bakt.

Peper en zout noem ik niet in de ingrediëntenlijst, grof zeezout wel. Ik gebruik zelf het liefst fleur de sel of Maldon-zout, dat je bij grotere supermarkten kunt kopen.

Ik gebruik middelgrote biologische of vrije-uitloopeieren, biologisch vlees of scharrelvlees van de slager en zo veel mogelijk verantwoord gevangen vis (herkenbaar aan het msc-keurmerk). Brood koop ik bij de bakker en voor dressings gebruik ik altijd een lekkere extra vierge olijfolie.

In verschillende gerechten wordt kippen- of groentebouillon gebruikt. Die kun je natuurlijk zelf maken (er gaat niks boven zelf getrokken bouillon), maar met een bouillontablet is wat mij betreft niks mis. Echt lekker vind ik de bouillons van De Kleinste Soepfabriek, die je bij grotere supermarkten en natuurwinkels kunt kopen.

Er zit best veel verschil tussen de verschillende soorten tomatenpuree en tomaten in blik. Ik gebruik zelf graag ingeblikte San Marzano-tomaten of -kerstomaatjes, die bij de meeste supermarkten verkrijgbaar zijn. Tomatenpuree uit een tube (bijvoorbeeld van Mutti) is vele malen lekkerder dan de blikjes van een paar cent.

Groene kruiden als peterselie, basilicum en dille zijn altijd vers, dus niet de gedroogde variant uit een potje. Ik koop vaak een paar bosjes kruiden en bewaar ze in een glas water in de koelkast, alsof het een bosje bloemen is. Zo gaan ze veel langer mee.

Ik geef veel variatiemogelijkheden in mijn recepten. Zelf ingrediënten vervangen kan vaak prima, maar het uiteindelijke gerecht zal uiteraard wel iets anders worden.
Een paar tips:

* Gewone suiker kun je vervangen door ruwe rietsuiker of kokosbloesemsuiker. In de meeste recepten zijn honing en maple syrup (ahornsiroop) voor elkaar in te wisselen.
* Ik bak graag in olijfolie, dat meestal goed te vervangen is door (geurloze) kokosolie, rijstolie, arachideolie of ghee*.
* In plaats van Griekse yoghurt kun je ook Turkse yoghurt, hangop of kwark gebruiken. Kokosyoghurt is een goed zuivelvrij alternatief.

**Ghee is Indiase geklaarde boter, die je tegenwoordig bij veel supermarkten (meestal in een glazen pot) kunt kopen.*

1.

Feel Better

HOOFDSTUK 1

9 MAANDEN ZWANGERSCHAP ZIJN NIET VOOR IEDEREEN ÉÉN GROOT FEEST...

Vooral het eerste trimester voelen veel vrouwen zich niet topfit of zelfs ronduit belabberd. Die eerste weken pieken de hormonen hcg en oestrogeen en dat kan zorgen voor misselijkheid en enorme vermoeidheid. Soms alleen 's ochtends, maar vaak genoeg ook de hele dag. En tijdens het laatste trimester komen daar vaak allerlei andere klachten bij. Brandend maagzuur, bekkenpijn, opgezwollen enkels... Je moet heel wat overhebben voor zo'n baby.

Wie bang is dat de misselijkheid ervoor zorgt dat haar baby te weinig binnenkrijgt, hoeft zich meestal geen zorgen te maken*. De zwangerschapshormonen zorgen er namelijk voor dat de baby met voorrang voedingsstoffen binnenkrijgt. Het advies bij zwangerschapsmisselijkheid is dan ook vaak kleine beetjes te eten van waar je behoefte aan hebt. En als dat een tijdlang alleen maar cornflakes of crackers zijn, is dat ook prima.

Tijdens mijn eigen zwangerschap had ik gelukkig bijna geen last van misselijkheid, alleen een wat weeïg gevoel dat snel verdween als ik regelmatig iets at. Maar tijdens de pittige hormoonbehandelingen die ik moest ondergaan om zwanger te worden, was ik wel degelijk onwijs beroerd. Platliggen was dan soms het enige wat hielp. Ik verzamelde dan ook gretig de beste anti-misselijkheidtips die ik in dit boek met liefde weer met jou deel. Op blz. 37 heb ik een overzichtje gemaakt.

En natuurlijk verwerkte ik alle tips en mijn ervaring in fijne recepten. Sommige zijn bedoeld om de misselijkheid of het brandend maagzuur iets te verzachten en andere zijn simpelweg kleine energiebommetjes om toch aan wat voedingsstoffen te komen.

Ik hoop dat je er iets aan hebt! En heel fijn om te weten: ook als je je wél goed voelt, zijn al deze gerechtjes heerlijk. Ik maak ze stuk voor stuk nog steeds regelmatig.

** Dat geldt natuurlijk niet voor de extreme variant Hyperemesis Gravidarum, die o.a. tot uitdroging kan leiden.*

Gentle Morning Porridge

Deze kalmerende *porridge* (of in gewoon Nederlands: havermout) was vrijwel negen maanden lang mijn ontbijt toen ik zwanger was. Hoe futloos je je ook voelt, een kommetje havermout geeft energie, verwarmt je vanbinnen en is toch niet te heftig op je maag. De amandelmelk maakt 'm wat lichter dan normale melk, maar gebruik vooral waar je zin in hebt. Het fijne van havermout is dat je eindeloos kunt variëren met de toppings. Een beetje fruit, wat yoghurt voor de proteïne (kan ook helpen bij misselijkheid). En zo'n lepel romige notenpasta gaat er bij weinig trek makkelijker in dan een handvol noten.

VOOR 1 PERSOON
45 g havermout
(= precies ½ cup)
200 ml amandelmelk*
1 el gebroken lijnzaad
¼ tl gemberpoeder
1 el notenpasta
(bijvoorbeeld
amandelpasta)
2 el dikke yoghurt
handje bosvruchten

** Heb je geen amandelmelk in huis? Door met een staafmixer 1 el amandelpasta te pureren met 150 ml water maak je supersnel je eigen versie. Kan ook met de hand in een leeg potje, maar dan moet je wel flink schudden.*

Doe de havermout met de melk, het lijnzaad, gemberpoeder en een snuf zout in een kleine kookpan en breng aan de kook.
Zodra de melk borrelt, draai je het vuur laag en laat je de havermout rustig garen. Roer regelmatig. Na ongeveer 5 minuten is alle melk opgenomen en heb je een romige porridge. Te droog? Voeg dan een extra scheutje amandelmelk toe.
Doe de porridge in een kom en schep er de notenpasta en yoghurt op. Serveer met de bosvruchten of ander fruit naar keuze.

Variatie: gebruik je liever de magnetron? Bereid de havermout dan 2 minuten op vol vermogen en roer 'm halverwege even door.

BEREIDEN: 10 MINUTEN | OVEN: 20-25 MINUTEN

Snelle zadencrackers

Wie last heeft van ochtendmisselijkheid krijgt vaak de tip om voor het opstaan alvast een cracker te eten. Niks mis met een gekochte variant, maar deze zelfgemaakte zadencrackers zijn een stuk lekkerder en ook nog eens enorm voedzaam. Bovendien zijn ze hartstikke makkelijk te maken met ingrediënten die je hoogstwaarschijnlijk al in je keukenkastje hebt staan. Je bewaart ze zeker een week in een goed afgesloten doosje of zakje. En mocht je de misselijke fase nou voorbij zijn, dan doen ze het ook erg goed met wat kaas of hummus.

VOOR 9 GROTE OF 18 KLEINE CRACKERS
125 g pitten/zaden naar keuze*
50 g gebroken lijnzaad
125 g (spelt)bloem (volkorenmeel of havermeel kan ook)
1 tl grof zeezout
3 el olijfolie
120 ml water
extra: bakplaat, bekleed met bakpapier + deegroller

** Ik gebruik meestal een mix van pompoen- en zonnebloempitten en sesamzaad.*

Verwarm de oven voor op 180 °C.
Doe de pitten, zaden, bloem en zout in een kom en meng goed. Voeg de olijfolie en het water toe en meng weer tot een samenhangend deeg.
Rol het deeg dun uit (ca. 3 mm) op de bakplaat. Dit gaat het makkelijkst als je het deeg bedekt met een extra laag bakpapier en hier overheen rolt met een deegroller. Haal het bovenste vel bakpapier daarna weg.
Bak 20 tot 25 minuten in de oven, of tot de crackers goudbruin en krokant zijn. Blijf ze goed in de gaten houden, want het kan ineens snel gaan. Keer eventueel halverwege, zodat ze extra krokant worden.
Snijd de warme crackers in stukken of laat ze eerst helemaal afkoelen en breek daarna in stukken.

Oranje smoothie met gember

De combinatie van sinaasappel, wortel en gember is een heerlijke klassieker, die ik in deze smoothie net even iets extra's geef. De toevoeging van mango maakt dit drankje namelijk wat zachter en extra vullend. Door bevroren mangoblokjes te gebruiken, krijg je bovendien als vanzelf een heerlijk dikke ijskoude smoothie.
Mocht je aan de slag willen met een sapcentifuge: ga gerust je gang. Ik gebruik gewoon kant-en-klaar wortelsap.

VOOR 2 GLAZEN
220 ml wortelsap
200 ml sinaasappelsap (ca. 4 geperste sinaasappels)
150 g bevroren mango, in blokjes
1-2 tl gember, geschild en geraspt (zie tip blz. 32)
extra: blender of staafmixer

Pureer de beide soorten sap met de bevroren mango en gember tot een dikke smoothie. Voeg eventueel extra gember toe voor een pittigere smaak.
Drink de smoothie meteen op of bewaar een dag in de koelkast. De smoothie wordt dan wel iets dunner, omdat de mango ontdooit.

BEREIDEN: 5 MINUTEN

Toast met avocadohummus

Dit gerecht is heel geschikt als je weinig trek hebt en toch behoefte hebt aan energie, want het is echt een groen powerbommetje. Toast werkt op de één of andere manier altijd goed als je jezelf niet top voelt en deze snelle, romige avocadohummus met sojaboontjes is er zalig op.
Ook op crackers doet de hummus het trouwens uitstekend. Of gewoon zo met een lepel. Niks meer aan doen.

VOOR 1 BAKJE HUMMUS
½ avocado
80 g edamame/ sojabonen, gepeld
kneepje citroensap
olijfolie, naar smaak
toast, voor erbij
extra: staafmixer of keukenmachine

Pureer de avocado en bonen tot een smeuïg mengsel. Houd 'm iets grover of pureer de hummus juist extra glad, net wat je lekker vindt.
Breng op smaak met citroensap, olijfolie, peper en zout. Serveer op goudbruin geroosterd brood.

Tip: Wat je niet meteen eet, kun je afgedekt 2 dagen in de koelkast bewaren.

BEREIDEN: 25 MINUTEN

Easy kippensoep

Niks zo herstellend als een kom zelfgemaakte kippensoep. Het is niet voor niets dat dit kopje bouillon de bijnaam 'Joodse penicilline' heeft gekregen.
Nou verwacht ik dat je op dagen dat je veel behoefte hebt aan deze soep, juist weinig zin hebt om urenlang met het stoven van een soepkip in de weer te gaan. Daarom mijn oplossing: easy kippensoep die je maakt van drumsticks. Binnen een halfuur gemaakt, helemaal zonder zeven of ander gedoe. Zeker weten dat je er enorm van opknapt. En als je jezelf wél topfit voelt, smaakt deze heerlijk geurende soep eerlijk gezegd net zo goed.

VOOR 2 PERSONEN (4 KOMMEN)
1 liter kippenbouillon
2 drumsticks
evt. stukje gember van ca. 2 cm, geschild en gekneusd
1 winterpeen, in kleine blokjes
½ prei, in halve ringen

Tip: voor een vullende soep voeg je extra groenten en ca. 50 gram rijst of vermicelli toe.

Breng de bouillon in een grote pan aan de kook, zet het vuur laag en voeg de drumsticks en eventueel de gember toe. Kook de drumsticks ca. 15 minuten, of tot ze gaar zijn. Haal de drumsticks uit de bouillon, laat een beetje afkoelen en pluk het vlees van de botjes. Doe het kippenvlees terug in de bouillon en voeg ook de peen en prei toe. Laat de soep nog minstens 8 minuten pruttelen zodat de groenten kunnen garen en schep de soep daarna in kommen.

BEREIDEN: 30 MINUTEN

Makkelijke yogadahl met linzen en tomaat

Met yoga had ik nooit zoveel, totdat ik zwanger werd. Toen vond ik de voorheen saaie oefeningen en poses juist ineens enorm ontspannend. Het gaf rust in een tijd waarin er enorm veel gaande was in mijn lijf en hoofd. Hetzelfde geldt voor dit kalmerende gerecht. Je voelt je instant zen als je het eet.
Je kunt deze dahl meer pit geven door chilipeper of limoen toe te voegen, maar juist in al z'n eenvoud is deze linzenstoof heel kalmerend en heilzaam. En mocht je dat belangrijk vinden: zonder yoghurt is-ie nog vegan ook.

VOOR 2 PERSONEN
1 el ghee* of kokosolie
1 ui, gesnipperd
1 teentje knoflook, fijngehakt
ca. 3 cm gember, geschild en geraspt (zie tip blz. 32)
½ tl kaneel
½ tl kurkuma (geelwortel)
200 g wortel, in plakjes
80 g rode linzen, afgespoeld en uitgelekt
1 blik tomaatblokjes
ca. 100 ml water
(à 400 g)
1 courgette, in halve maantjes
dikke yoghurt en verse peterselie, om te serveren

*Zie blz. 13.

Verhit de ghee of olie in een pan met dikke bodem en bak de ui, knoflook en gember een paar minuten, of tot de ui zacht en glazig ziet. Voeg de specerijen toe en bak een minuutje mee.
Doe ook de wortel en linzen in de pan, schep even om zodat alles met een laagje specerijen is bedekt en giet er dan de tomaatblokjes en het water bij. De linzen moeten helemaal onder staan, voeg eventueel extra water toe.
Laat de dahl afgedekt een minuut of 25 pruttelen, of tot de linzen gaar en zacht zijn. Voeg de laatste 5 minuten de courgette toe en schenk extra water in de pan als de dahl droogkookt.
Breng de dahl op smaak met peper en zout en verdeel over twee kommen. Serveer met een schep dikke yoghurt en verse peterselie. Ook lekker met rijst of naanbrood.

Tip: zie dit recept als een basis, want je kunt vrijwel elke groente gebruiken. Bak stevige groenten (zoals wortel, zoete aardappel of bloemkool) meteen aan het begin mee en voeg zachtere groenten (zoals courgette, spinazie of sperziebonen) pas de laatste minuten toe.

BEREIDEN: 10 MINUTEN (+15 TOT 20 MINUTEN WACHTEN)

Maaltijdsoep met wortel en pistache

Deze supermakkelijke maaltijdsoep verwarmt, verzacht en voedt. Een kom hiervan is alles wat je wil als je je niet topfit voelt. De klassieke combinatie van wortel en gember helpt tegen misselijkheid en de linzen maken de soep zacht, maar toch vullend. Zelfs als je maar een kommetje op krijgt, heb je toch iets voedzaams binnen.
Ik heb de soep getest met gewone melk en amandelmelk en proefde eerlijk gezegd weinig verschil. Gebruik dus maar gewoon wat je in huis hebt.

VOOR 4 KOMMEN
1 el ghee* of olijfolie
1 tl gemalen komijn
2 cm verse gember, geschild en geraspt**
600 g wortel, in stukjes
120 g rode linzen, gewassen
1 liter groentebouillon
100 ml melk
om te serveren: dikke yoghurt + pistachenoten, grofgehakt
extra: staafmixer

**Zie blz. 13.*
*** Zie de tip op blz. 32. In plaats van verse gember kun je ook gemberpoeder gebruiken.*

Verhit de ghee of olijfolie in een soeppan en bak de komijn en gember even aan. Voeg de wortel en linzen toe en schep om, tot alles met een laagje specerijen is bedekt.
Schenk de bouillon en melk in de pan en laat 15 tot 20 minuten pruttelen, of tot de wortel gaar en zacht is en de linzen lichter van kleur.
Pureer met een staafmixer tot een dikke, romige soep.
Serveer met een schep dikke yoghurt en bestrooi met de pistachenoten.

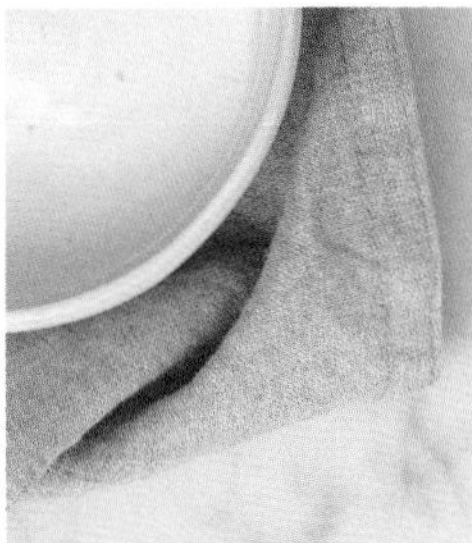

Gemberthee op twee manieren

Het is een veelgehoord advies bij (zwangerschaps)misselijkheid: gember! Verse gember zou de werking van serotonine – een stof die misselijkheid kan veroorzaken – remmen en een gunstige invloed hebben op het maag-darmkanaal. Nou wordt aangeraden niet al te grote hoeveelheden te consumeren, maar met een glas gemberthee per dag is in ieder geval niks mis.
Ik geef je twee verschillende recepten. Of nou ja, recepten is een groot woord. Zie het als serveersuggesties. Eentje met een geurige honing, die je toevoegt aan water dat net van de kook af is. De ander iets zoeter en traditioneler. Je kunt beide soorten langer laten trekken voor een intensere smaak en ze ook koud serveren met ijsblokjes: lekker in de zomer of als je last hebt van zwangere opvliegers.
En misschien wel mijn lievelingstip in dit boek: verse gember schil je heel gemakkelijk met een lepeltje. Echt waar! Probeer zelf maar.

Gemberthee met citrushoning

VOOR CA. 5 GLAZEN
3 el honing
1 el gember, geschild en geraspt
rasp van ½ citroen

Meng de honing met de gember en citroenrasp. Los 2 theelepels van deze citrushoning op in een theeglas water dat net van de kook af is.

Variatie: gebruik thee in plaats van water. Bijvoorbeeld kamillethee, groene thee of jasmijnthee.

Gemberthee met sinaasappel

VOOR 1 GLAS
200 ml gekookt water
2 cm gember, geschild en even gekneusd
2 schijfjes sinaasappel

Doe het water in een theeglas en voeg de gember en sinaasappel toe. Laat langer trekken voor een intensere smaak.

Tips & tricks

BIJ ZWANGERSCHAPSMISSELIJKHEID

EETTIPS

Ik verzamelde alle eettips tegen zwangerschapsmisselijkheid van zowel ervaringsdeskundigen als professionals. Kijk welke jou het meest aanspreekt of probeer ze gewoon allemaal:

* Crackers, rijstwafels of beschuit eten vóór het opstaan
* Verse gember
* Vanillevla
* Bananen
* Dikke yoghurt
* Veel water drinken
* Cola op de nuchtere maag
* Tucjes of chips
* Bouillon
* Melk of chocolademelk
* Avocado
* Waterijsjes
* Fisherman's Friend

EN VERDER

* Eet liever kleine beetjes dan grote porties.
* Wees voorzichtig met zuur, pittig of heel vet eten.
* Probeer sterke etensgeuren te vermijden
* Of laat iemand anders voor je koken.

2.
All day Cravings

HOOFDSTUK 2

ZWANGERSCHAPS-CRAVINGS. ER SCHIJNEN VROUWEN TE ZIJN DIE ER HELEMAAL NIETS VAN MERKEN...

Maar ik ken er eerlijk gezegd maar weinig... Zelf snakte ik het eerste trimester enorm naar vlees (burgers! hotdogs!), maar ook naar roomcroissants (meestal 's nachts, best onhandig) en Bugles-chips. Zo'n craving was vaak heel specifiek. Zo moest ik eens precies dát broodje van dát restaurant hebben en toen na kilometers omrijden juist dat ene broodje niet beschikbaar was ('maar alle andere nog wel, mevrouw') was ik oprecht diepbedroefd. Alle andere broodjes voldeden niet, dus ik ben teleurgesteld en hongerig het hele eind weer teruggereden. Tikkeltje overdreven.

Ik vind het nog steeds heel grappig om zwangeren naar hun cravings te vragen, want je komt de gekste dingen tegen. Een totaal niet-uitputtend lijstje: ijsblokjes, rookworsten (ook 's ochtends), elke dag een tosti, vóór het avondeten een patatje oorlog, vanillevla, zure matten, grillworst als overtuigd vegetariër, naturelchips bij het opstaan, chocolademilkshakes, cornflakes als ontbijt, lunch én diner, literbakken ijs in hartje winter, superpittige saus op álles, elke dag een kroket, zoute drop en yoghurtwinegums tegelijk, waterijsjes (maar dan alleen één specifieke smaak van één merk), paaseitjes, zoute stengels, donuts, pizza met alleen tomatensaus en mozzarella, het allergoedkoopste afbakstokbrood met kruidenboter, perfect rijpe nectarines, nog warme chocoladekoekjes, kant-en-klare pannenkoeken zonder beleg, liters karnemelk (en dat normaal gesproken verafschuwen), huzarenslaatjes... Conclusie? Zwangerschapscravings zijn voor iedereen anders, maar er zijn best wat overeenkomsten merkbaar. Zo komt vlees vaak terug, net als koolhydraten, zout en zoetigheid. En de bekendste craving is natuurlijk die voor augurken, maar die kwam ik juist verrassend weinig tegen.

Waar zulke eetverlangens nou vandaan komen? Vaak wordt gezegd dat je extra trek hebt in dingen waar je lichaam behoefte aan heeft. Eiwitten, ijzer of zout bijvoorbeeld. Ook zouden je hormonen en je toegenomen gevoeligheid voor geuren een rol spelen. Helemaal duidelijk is het echter niet. En dan zijn er natuurlijk nog de bakerpraatjes. Zoete cravings zouden duiden op een meisje en hartige cravings op een jongen.

In dit hoofdstuk heb ik bij de meest voorkomende cravings de fijnste recepten ontwikkeld. Vaak net even wat lichter en makkelijker dan het oorspronkelijke gerecht. Van de lekkerste éénpersoons triple chocolate cookies tot een ultieme Big Bump-burger. Genieten!

BEREIDEN: 15 MINUTEN

Big Bump Burger met pickles (& vegavariatie)

VOOR 2 PERSONEN
2 hamburgerbroodjes
1 el boter, gesmolten
250 g rundergehakt (niet te mager)
2 plakjes (cheddar)kaas
2 plakjes zoetzure
2 blaadjes kropsla
½ tomaat, in plakjes
augurk of
andere pickles*
extra: grillpan
* *zie blz. 44*

VOOR DE SAUS:
6 el mayonaise
½ el mosterd
1 tl ketchup
½ tl augurkennat (uit potje augurken)
snufje cayennepeper

Tip: overgebleven saus kun je er los bij geven; ook lekker met friet trouwens.

** *Als de kaas niet vanzelf smelt, voeg ik vaak een drupje water toe aan de pan en dek ik de burgers even af met een deksel. De stoom die dan ontstaat, werkt perfect!*

Normaal ben ik niet zo'n carnivoor, maar tijdens de eerste maanden van mijn zwangerschap was dat wel anders. Wat had ik een enorme behoefte aan vlees! En ik niet alleen, want deze craving komt best vaak voor. Wellicht is het een behoefte aan eiwitten? Ik had al weken voor een babymoon-trip naar New York onweerstaanbare zin in de burgers van Shake Shack en toog naar huis met een koffer vol met de potato buns die deze keten voor hun hamburgers gebruikt. Geplet en wel, dat kon me niks schelen. Eenmaal thuis ging ik met een eigen interpretatie van het befaamde Shackburger-recept aan de slag. En met resultaat, want wat is deze Big Bump Burger schandalig lekker! Goed vlees is wel een vereiste: dus ga langs je favoriete slager voor niet te mager rundergehakt of kies voor de prima diepvriesvariant van The Frozen Butcher.

Meng alle ingrediënten voor de saus en zet even weg.
Verhit een grillpan op halfhoog vuur.
Snijd de broodjes overdwars open, bestrijk de binnenkant met de boter en grill ca. 2 minuten met de bestreken kant naar beneden op de grillpan. Zet weg terwijl je doorgaat met het vlees.
Verhit de grillpan daarvoor tot hij heel heet is.
Vorm intussen met je handen twee burgers en bestrooi ze aan beide kanten met peper en zout. Bak de burgers ca. 3 minuten in de hete grillpan, terwijl je ze even aandrukt met een spatel. Als de onderkant mooi diepbruin is, draai je ze om, leg je er de kaas op** en bak je ze nog zo'n 3 minuten aan de andere kant. Bak de burgers net iets langer dan je normaal zou doen (want: zwanger, dus ze moeten goed doorbakken zijn).
Bestrijk de bovenste(!) helft van de broodjes met een eetlepel saus en beleg met de sla, tomaat en augurk. Leg een gebakken burger op de onderste helft van het broodje en plaats er de belegde helft bovenop. Meteen opeten!

BEREIDEN: 15 MINUTEN

Variatie: Vegetarische portobelloburger

Klinkt saai, maar werkt echt!

2 grote portobello's
1 el olijfolie
½ el balsamicoazijn

Vervang het gehakt door de portobello's, die je even marineert in 1 el olijfolie en een halve el balsamicoazijn, voor je ze ca. 3 minuten per kant grilt. Volg voor de rest het recept van de vorige pagina.

BEREIDEN: 5 MINUTEN

Bonusrecept: Zelfgemaakte pickles

De meest bekende zwangerschapscraving is natuurlijk die voor augurken. Laatst ontdekte ik dat je met een pot augurkennat binnen no-time zelfgemaakte pickles fabriceert. Echt een te leuke ontdekking.

VOOR 1 POT
1 pot overgebleven augurkennat
plakjes komkommer, schijfjes wortel en/of kleine gepelde uitjes

Vul de pot met komkommer, wortel en/of uitjes en voeg eventueel wat water toe, zodat de groenten onder staan. Sluit de pot goed af en laat minstens een dag marineren in de koelkast. De zelfgemaakte pickles zijn zeker twee weken houdbaar.

BEREIDEN: 5 MINUTEN | OVEN: 8 MINUTEN

Snelle flatbreadpizza's

Deze flatbreadpizza's zijn perfect als je enorm zin hebt in een Italiaanse pizza met dunne knapperige bodem, maar geen tijd, zin of geduld hebt om 'm op de traditionele manier te maken. Deze supersnelle versie is gemaakt van platbroden, die je bij vrijwel alle mediterrane supermarkten en marktkramen voor een spotprijsje kunt kopen. En de bereidingswijze mag dan een shortcut zijn, de smaak en textuur zijn er niet minder om, want wat zijn deze pizza's geweldig lekker. Tijdens de laatste maanden van mijn zwangerschap at ik ze vrijwel wekelijks. Met de toppings kun je natuurlijk alle kanten uit. Onder aan deze pagina geef ik je alvast wat variaties, maar deze vegetarische pizza met courgette en twee soorten kaas is het ideale basisrecept.

VOOR 2 STUKS

2 grote flatbreads
120 ml passata*
½ courgette, in dunne plakjes
1½ bol mozzarella, in plakjes
2 el Parmezaanse kaas, geraspt + extra
handje basilicum, om te bestrooien
extra: bakplaat, bekleed met bakpapier

** Passata is tomatensaus en koop je (meestal in een pakje) in de supermarkt. Je kunt ook tomatenpuree nemen, iets verdund met wat water.*

Verwarm de oven voor op 220 °C.
Bestrijk de flatbreads met passata en beleg met courgette, mozzarella en Parmezaanse kaas. Bestrooi met peper en zout.
Bak ca. 8 minuten in de oven, of tot de pizza's goudbruin en knapperig zijn en de kaas is gesmolten. Bestrooi met de basilicum en extra Parmezaanse kaas en serveer meteen.

ALTERNATIEVE SUGGESTIES VOOR DE TOPPING

- sardientjes (uit blik), kappertjes en ringen rode ui
- gekarameliseerde ui, geitenkaas en plakjes gegrilde aubergine
- geroosterde blokjes pompoen met verkruimelde feta en verse salie

Romige paddenstoelenpasta met porcinizout

VOOR 2 PERSONEN

VOOR HET PORCINIZOUT:
15 g porcini (gedroogd eekhoorntjesbrood)
1 el grof zeezout
extra: keukenmachine

VOOR DE PASTASAUS:
200 g bloemkool, in roosjes*
125-150 ml bouillon
2 el Parmezaanse kaas, geraspt
extra: staafmixer of keukenmachine
** Ik gebruik regelmatig bloemkool uit de diepvries, die iets eerder gaar is.*

150 g tagliatelle
1 el olijfolie
1 teen knoflook, fijngehakt
300 g gemengde paddenstoelen, in stukjes
Parmezaanse kaas, om te bestrooien

Wie verlangt naar intens romige pasta's maar graag ook wat groente binnenkrijgt, zal verliefd worden op deze paddenstoelenpasta. Het is moeilijk voor te stellen dat de 'roomsaus' in dit recept vrijwel volledig uit bloemkool bestaat. Klinkt gek, smaakt geweldig. Beloofd.
Het porcinizout erbij is optioneel, maar ik zou het zeker maken. Dit beige zout heeft een diepe, aardse smaak en is hemels op alles met paddenstoelen of op een stukje vlees.

Maak het porcinizout door de (ongeweekte) porcini en het zeezout in een keukenmachine fijn te malen tot je beige zout hebt. Doe in een goed afgesloten potje, want je gebruikt lang niet alles voor dit recept.
Ga verder met de saus. Kook de bloemkoolroosjes in 12-15 minuten heel gaar, giet af en pureer met de bouillon en Parmezaanse kaas tot een romige saus. Breng op smaak met peper en zout en zet even weg.
Kook de tagliatelle beetgaar volgens de aanwijzingen op de verpakking. Terwijl de pasta kookt, verhit je de olie in een grote koekenpan en bak je de knoflook even aan. Voeg de paddenstoelen toe en bak in ca. 5 minuten gaar. Breng op smaak met wat porcinizout. Giet intussen de tagliatelle af en doe terug in de pan.
Meng de romige bloemkoolsaus door de tagliatelle in de pan en verwarm nog even op laag vuur, tot de saus mooi aan de pasta hangt. Voeg ook de paddenstoelen toe en verdeel de pasta over 2 borden.
Bestrooi met extra porcinizout en Parmezaanse kaas.

Tip: ik maak meestal de dubbele hoeveelheid saus. Niet alleen omdat ik de helft al opeet tijdens het koken, maar ook omdat je met een restje saus en wat extra bouillon een zalig bloemkoolsoepje maakt.

BEREIDEN: 15 MINUTEN

Gebakken gnocchi met zilte kappertjesdip

Een vriendin vatte haar zwangerschapscravings als volgt samen: 'zout, carbs en vet'. Knapperige chips met dip bijvoorbeeld. Goudbruine friet met mayonaise. Of pasta met roomsaus en veel kaas. Heel herkenbaar. En hoewel ik je natuurlijk moet aanraden voorzichtig te zijn met zout – je wilt als zwangere immers geen hoge bloeddruk – is deze gnocchi wel echt ontzettend lekker voor af en toe.
Door gnocchi te bakken in plaats van te koken, verandert de textuur van deze deegballetjes volledig. Ze worden zalig knapperig aan de buitenkant en blijven vanbinnen een beetje *chewy*. Ik vind ze echt ver-sla-vend, helemaal als je ze met grof zeezout bestrooit. Ik serveer ze graag met een snelle kappertjesdip voor de echte zilte trek.

VOOR 2 PERSONEN (ALS BIJGERECHT)
1 el olijfolie
½ pak gnocchi
grof zeezout, om te bestrooien

VOOR DE KAPPERTJESDIP:
3 el mayonaise
1 el citroensap
1 el peterselie, fijngehakt
½ el kappertjes, fijngehakt*

* *Ik gebruik graag kappertjes op zeezout, die ik eerst even afspoel.*

Maak de kappertjesdip door alle ingrediënten in een kommetje te mengen. Proef en voeg eventueel naar smaak extra citroensap toe of juist extra mayonaise voor een mildere versie.
Verhit de olie in een grote koekenpan en voeg de gnocchi toe. Bak ca. 12 minuten, of tot ze goudbruin kleuren en vanbuiten knapperig zijn. Schud de pan regelmatig om. Serveer de gnocchi met de kappertjesdip.

Tip: ik serveer deze gnocchi graag bij een gebakken visje, bijvoorbeeld een op de huid gebakken zeebaarsfilet.

Hotdogs uit de oven met spicy mayo

Tijdens het eerste trimester van mijn zwangerschap had ik ineens een enorme behoefte aan hotdogs. Liefst verse hotdogs met heel veel scherpe mosterd op een knapperig warm broodje, maar een kant-en-klare variant volstond ook prima. Zelfs midden in de nacht kon ik ernaar verlangen. De overige zes maanden heb ik er weinig meer van gemerkt. Toch gek hoe dat werkt.
Ik maakte voor dit boek een écht lekkere hotdog-variant die mijn man spontaan uitriep tot zijn favoriete recept. Je serveert ze met krokante gebakken uitjes, een heerlijke spicy mayo én, superhandig: ze worden helemaal in de oven bereid. Dat scheelt mooi weer afwas.

VOOR 2 HOTDOGS

2 dunne chipolataworstjes
2 Surinaamse puntjes of hotdogbroodjes
2 el gebakken uitjes
evt. rucola + zoetzure komkommer (zie blz. 73)
extra: bakplaat, bekleed met bakpapier

VOOR DE SPICY MAYO:

1½ el mayonaise
1 tl *sriracha**

* *Sriracha is een pittige Thaise chilisaus. Vervang 'm hier eventueel door sambal.*

Verwarm de oven voor op 200 °C.
Leg de worstjes op de bakplaat en bak ze in ca. 15 minuten gaar en goudbruin. Keer ze halverwege even en verwarm de laatste 2 minuten ook de broodjes mee.
Meng intussen de mayonaise met de sriracha.
Snijd de warme broodjes in de lengte door en vul ze met de spicy mayo, worstjes, gebakken uitjes en eventueel rucola en/of zoetzure komkommer.
Serveer meteen.

Flatbreadtosti met ham & jalapeño

Met flatbreads kun je niet alleen zalige pizza's maken, maar ook verrassend lekkere tosti's. En een tosti, die wordt door opvallend veel zwangere vrouwen vrijwel dagelijks gegeten. Misschien wel omdat een tosti perfect en makkelijk comfortfood is? Of omdat het iets vertrouwds heeft en smaakt zoals vroeger? Of wellicht is het gewoon de kaas, waar je als zwangere behoefte aan hebt? Hoe dan ook: dit boek had absoluut een tostirecept nodig en deze pittige versie met ham en jalapeño moet je écht eens proberen.

VOOR 2 PERSONEN

2 flatbreads*
80 g geraspte Goudse kaas
4 plakjes gekookte ham
½ jalapeño-peper, in ringetjes
evt. ketchup of zoete chilisaus, voor erbij
extra: tosti-ijzer of paninigrill

** Flatbread of platbrood koop je bij mediterrane winkels en sommige grote supermarkten. Je kunt het hier vervangen door grote wraps of piadina's.*

Bestrooi de helft van beide flatbreads met de kaas en leg hier de gekookte ham en jalapeño-peper op. Vouw de flatbreads dubbel en druk even aan, zodat de vulling goed blijft zitten.

Bak de tosti's in een tosti-ijzer of paninigrill (of mocht je die niet hebben: in een ingevette koekenpan, terwijl je iets zwaars op de bovenkant van de tosti zet) tot de buitenkant goudbruin is en de kaas gesmolten.

Serveer meteen, eventueel met ketchup of chilisaus.

Eénpersoons triple chocolate chip cookie

Chocolate chip cookies zijn het lekkerst als ze net uit de oven komen: vanbuiten krokant en warm en nog een beetje zacht vanbinnen. En dan het liefst met drie soorten chocolade, zodat je niet hoeft te kiezen tussen puur, melk of wit.
Dit recept levert precies dat, maar dan voor één persoon, zodat je niet meteen een bakplaat vol hebt. Soms best een verstandig idee. En omdat er geen ei in is verwerkt, hoef je niet bang te zijn voor rauw deeg.
Deze chocolate chip cookies zijn gevaarlijk snel en lekker, maar ook veel lichter dan je zou denken. Ik heb vijf versies geprobeerd en die met gewone bloem en amandelmeel vond ik even lekker, dus kijk maar wat je in huis hebt.

VOOR 1 PERSOON

1 el amandelpasta
1-2 tl maple syrup (ahornsiroop)
1 tl bloem of 1 el amandelmeel
mespuntje bakpoeder
10-15 g chocolade, in kleine blokjes (liefst puur, melk én wit)
snuf grof zeezout
extra: rond ovenschaaltje of ovenvast pannetje (ca. ø7cm)*

** Als je grotere exemplaren gebruikt, zijn de koekjes sneller gaar.*

Verwarm de oven voor op 180 °C.
Meng de amandelpasta, maple syrup, bloem of amandelmeel en bakpoeder in een kommetje tot een deeg. Schep in het ovenschaaltje, druk netjes aan en duw er de blokjes chocolade in.
Bak 7-10 minuten in de voorverwarmde oven, of tot de bovenkant nét gaar is en de chocolade gesmolten.
Laat even afkoelen tot hij lauwwarm is, het koekje zal ook iets steviger worden.
Bestrooi met zeezout en val aan.

Variatie: vervang het amandelmeel/bloem door 1 tl cacaopoeder voor een extra intense chocoladeversie.

Tip: de amandelpasta kun je eventueel vervangen door pindakaas.

Zalige citroentoetjes met vlierbloesem

Een van mijn gekke zwangerschapscravings was die voor zure snoepjes, vooral citroenkogels waren favoriet. Zo gek blijkt dat achteraf trouwens niet, want wat zijn er enorm veel zwangere vrouwen die gek zijn op zure matten!
De combinatie zoetzuur doet het bij *preggo's* blijkbaar goed, dus dit dessert is ideaal. Sowieso is dit citroentoetje – in het Engels *lemon posset* genoemd – het makkelijkste toetje ooit. En verrukkelijk dat het is! Ik maak 'm met een vleugje vlierbloesemsiroop nét even specialer.

VOOR 4 MINIGLAASJES (OF 2 ZWANGERE PORTIES)
240 ml room
1 el vlierbloesemsiroop*
45 g suiker
1 citroen
handje pistachenoten, fijngehakt

** Bijvoorbeeld elderflower cordial van Belvoir, die je bij de meeste supermarkten kunt kopen.*

Breng de room, siroop en suiker al roerend aan de kook in een steelpannetje. Zodra de room kookt, zet je het vuur lager en laat je het mengsel een minuut doorkoken. Haal de pan dan van het vuur en laat iets afkoelen. Pers intussen de citroen uit, je gebruikt alleen het sap. Meng het citroensap door de room en roer goed met een garde, je zult merken dat het mengsel iets dikker wordt. Schenk de citroenroom in glaasjes of kommetjes en zet afgedekt ca. 6 uur in de koelkast om op te stijven. Serveer de citroentoetjes bestrooid met de pistachenoten.

BEREIDEN: 15 MINUTEN | WACHTEN: 1½ UUR

Mokka-mascarpone-truffels

Deze truffels met pure chocolade en een vleugje espresso zijn supermakkelijk om te maken en zálig. Ze zijn niet te zoet, hebben een intense chocoladesmaak en zijn vooral enorm romig. Ze smaken alsof er per stuk een kilo boter in zit, maar het is toch echt alleen een beetje mascarpone.
En omdat ze zo klein zijn, kun je er gerust twee nemen. Of drie. Of allemaal.

VOOR 12 TRUFFELS
100 g pure chocolade, grofgehakt
2½ el hete espresso
kwart bakje (ca. 60 g) mascarpone
cacaopoeder, om in te wentelen
extra: zeefje + kleine rechthoekige schaal (ca. 9x14 cm), bekleed met bakpapier

Smelt de chocolade au bain-marie (in een kom die boven een pan nét niet kokend water hangt, zonder dat die kom het water raakt). Voeg de hete espresso toe, haal de kom van het vuur en roer tot je een glanzende chocolademassa hebt. Meng er tot slot de mascarpone doorheen en roer weer goed.
Schenk het mengsel in de schaal of vorm, strijk de bovenkant zoveel mogelijk glad en dek af. Laat minimaal anderhalf uur opstijven in de koelkast.
Snijd de truffelreep in kleine reepjes of blokjes en wentel deze aan alle kanten door de cacaopoeder. Bewaar truffels die je niet meteen eet in de koelkast.

Tip: hoe puurder de chocolade die je gebruikt, hoe minder zoet en intenser de truffels smaken.

3.
Good for you both

HOOFDSTUK 3

TIJDENS JE ZWANGERSCHAP EET JE VOOR TWEE...

Niet letterlijk natuurlijk – dat idee is al lang achterhaald – maar wel figuurlijk. Want jij bepaalt wat je kleintje aan voedingsstoffen binnenkrijgt. Best een verantwoordelijkheid, vond ik zelf. Natuurlijk is het ook belangrijk om goed voor jezelf te zorgen. Gevarieerd en voedzaam eten kan ervoor zorgen dat je jezelf energieker voelt en minder last hebt van kwaaltjes en complicaties. Zowel tijdens je zwangerschap als in de hectische periode erna.

Er zijn een paar vitamines en mineralen die tijdens en soms al voor je zwangerschap extra belangrijk zijn. Foliumzuur bijvoorbeeld, dat o.a. in bladgroenten, volkoren en zuivel zit en de kans op geboorteafwijkingen als een open ruggetje sterk verkleint. Het advies is om dagelijks een supplement van 400 mcg te slikken, vanaf vier weken voor de bevruchting en in ieder geval tot en met de tiende zwangerschapsweek. Vitamine D is ook essentieel, omdat het de kans op een te laag geboortegewicht vermindert én zorgt voor de opname van calcium (belangrijk voor de botten van je kindje en jezelf). De Gezondheidsraad adviseert dan ook dagelijks 10 mcg extra te slikken. Vitamine D vind je bijvoorbeeld in vette vis en calcium zit behalve in zuivel ook in tahin, peulvruchten en noten. Dan is er nog ijzer, dat betrokken is bij bloedaanmaak van je kindje én je eigen energie op peil houdt (best heel welkom). IJzer vind je in bladgroenten (Popeye!), maar ook in rundvlees, appelstroop en noten. En tot slot onverzadigde vetzuren, die goed zijn voor de hersenontwikkeling van je baby en die je aantreft in vette vis, noten en zaden.

Hoewel ik door mijn werk altijd al bewust met eten bezig was, merkte ik dat ik hier tijdens mijn zwangerschap haast ongemerkt extra aandacht aan besteedde. Ik voelde een enorme verantwoordelijkheid voor dat kleine mannetje in mijn buik, dat nu al van mij afhankelijk was. Toen daar het vermoeden van zwangerschapsdiabetes bij kwam, werd extra opletten helemaal belangrijk. Ik merkte dat regelmatig iets voedzaams eten voor mij het best werkte. Het gaf me energie en mijn bloedsuiker bleef keurig binnen de strengste normen. Wel zo'n prettig idee.

Eten dat goed is voor jezelf en je kleintje moet wat mij betreft ook heerlijk zijn. Smaak staat voor mij immers altijd voorop. Daarom deel ik in dit hoofdstuk mijn favoriete gezonde recepten met je. Hartstikke lekker en bomvol voedzame energie voor jullie allebei!

Lichte zalmpasta met dillericotta

Tijdens je zwangerschap wordt aangeraden één keer per week vette vis te eten, vanwege de onverzadigde vetzuren die erin zitten. Die hebben namelijk een gunstige invloed op de ontwikkeling van de hersenen en het zenuwstelsel van je ongeboren kindje en zijn ook nog eens hartstikke gezond voor jouzelf. Zalm is een perfect voorbeeld van zo'n vette vis en in deze snelle pasta met lichte dillericotta is-ie zalig.
Ik gebruik graag orzo of risoni – pasta in de vorm van kleine rijstkorrels – maar penne of tagliatelle werken hier ook prima. Heel handig is dat de zalm gaart in de hete pasta, dus je hebt maar één pan nodig.

VOOR 2 PERSONEN
100 g risoni of orzo
1 courgette
sap van ½ citroen
olijfolie
125 g ricotta
klein bosje dille, fijngehakt + extra
125 g zalmfilet, in kleine blokjes
evt. handje babyspinazie
extra: kaasschaaf

Kook de risoni in ruim water met zout volgens de aanwijzingen op de verpakking beetgaar.
Maak intussen de courgettelinten door met een kaasschaaf in de lengte dunne plakken van de courgette te schaven. Doe in een kom en besprenkel met citroensap, een scheutje olijfolie en peper en zout naar smaak. Laat even staan, zodat de linten kunnen marineren. Meng ook de ricotta en dille.
Giet de gare pasta af en laat iets uitlekken. Doe meteen terug in de warme pan en voeg de zalmblokjes toe. Schep even om, zodat de zalm gaart door de hitte van de pasta. De blokjes verkleuren langzaam lichtroze. Gebeurt dit niet, dan zet je de pan nog heel even op het vuur. Voeg ook de dillericotta toe en meng alles goed tot een romige pasta. Voeg tot slot de courgettelinten en eventueel de spinazie toe.
Verdeel de pasta over twee borden en serveer met wat extra dille.

Tip: de in citroensap gemarineerde courgettelinten doen het ook heel goed in een salade, of gewoon als bijgerecht.

BEREIDEN: 15 MINUTEN

Aziatische slawraps met kip & pindadressing

Normaal gesproken ben ik totaal niet bezig met de hoeveelheid koolhydraten die ik eet, maar dankzij een dreigende zwangerschapsdiabetes moest ik er ineens enorm op letten. En of jij nou ook moet oppassen of gewoon behoefte hebt aan een lichtere maaltijd: deze slawraps met Aziatische kip en een snelle pindadressing zijn een perfect en vooral heerlijk 'low-carb'-gerecht. Het heeft ook wel iets gezelligs, om aan tafel steeds een knapperig slablad te vullen met allerlei lekkers. Met de groente kun je natuurlijk variëren al naar gelang wat je in huis hebt.

VOOR 2-3 PERSONEN

1 el (sesam- en/of rijst-) olie
350 g kipfilet, in kleine reepjes
1 el sojasaus
1 kropsla, schoongemaakt en in losse blaadjes
2 paprika's, in reepjes
½ komkommer, in reepjes
150 g wortel, in reepjes
handje pinda's, grofgehakt
evt. verse chilipeper, in plakjes

VOOR DE PINDADRESSING:

4 el pindakaas*
1½ el sojasaus
sap van 1 limoen

** Ik gebruik hiervoor graag de pittige pindakaas met chili van Mister Kitchen.*

Begin met de pindadressing: meng alle ingrediënten in een kommetje en voeg een paar lepels water toe, tot je een romige dressing hebt. Zet even weg.
Verhit de olie in een grote koekenpan en bak de kipfilet in ca. 6 minuten goudbruin en gaar. Voeg de laatste 2 minuten de sojasaus en een eetlepel pindadressing toe.
Serveer de gebakken kip met de groenten, dressing, pinda's en eventueel chilipeper, zodat je steeds zelf je eigen slawrap kunt samenstellen.

Tip: wellicht heb je eerder gehoord dat pinda's eten tijdens de zwangerschap werd afgeraden om allergieën bij je baby te voorkomen? Uit onderzoek is gebleken dat dit averechts werkt, dus tegenwoordig wordt juist wél geadviseerd af en toe een handje pinda's te nemen.

Bliss bowls met kerriebloemkool & hummus

VOOR 2 PERSONEN

VOOR DE ZOETZURE KOMKOMMER:
1½ el azijn
1 tl suiker
½ komkommer, in blokjes

VOOR DE DRESSING:
2 el yoghurt
1 tl tahin (sesampasta)
1 el citroensap

VOOR DE BOWL:
2 el olijfolie
1 tl kerriepoeder
½ bloemkool, in roosjes
100 g (spelt)couscous
100-125 ml groentebouillon
200 g champignons, gehalveerd
klein bosje peterselie, grofgehakt
4 el lekkere hummus

Variatie: Snelle bloemkooltaco's. Bereid alleen de kerriebloemkool en yoghurtdressing en serveer deze met hummus in wraps.

Vlak nadat ik het manuscript voor *All-day bowls* had ingeleverd, ontstond deze bowl. Net te laat voor het boek, maar wel eentje die hier nog regelmatig op tafel staat. Ik ben gek op deze combinatie van smaken en texturen. Laat je niet afschrikken door de lijst ingrediënten, want het is écht geen moeilijk recept. Bovendien kun je naar hartenlust variëren met wat je lekker vindt of wat je toevallig in huis hebt. De bloemkool vervang je bijvoorbeeld door zoete aardappel of broccoli. En in plaats van couscous kun je quinoa of zilvervliesrijst gebruiken. Heb je echt stevige trek, dan doe je er falafelballetjes bij. En als je haast hebt, kies je gewoon voor de tacovariant onderaan.

Verwarm de oven voor op 200 °C.
Meng de azijn en suiker in een schaal en roer tot de suiker oplost. Voeg de komkommer toe, schep om en laat even marineren. Meng de yoghurt, tahin en het citroensap in een kommetje tot een romige dressing. Voeg eventueel wat water toe. Meng de helft van de olijfolie met de kerrie en wat peper en zout in een kom.
Schep de bloemkool door de kerriemarinade en verspreid over een met bakpapier beklede bakplaat. Rooster de bloemkool 30 minuten in de oven, of tot de roosjes goudbruin zijn.
Doe intussen de couscous in een kom en voeg ½ eetlepel olijfolie toe. Wrijf de korrels tussen je vingers tot ze met een laagje olie zijn bedekt. Schenk de bouillon erbij en laat een paar minuten wellen.
Verhit de rest van de olijfolie in een grote koekenpan en bak de champignons in ca. 4 minuten gaar. Breng op smaak met peper, zout en de helft van de peterselie.
Verdeel de gare couscous over de kommen. Doe in elke kom wat kerriebloemkool, champignons en zoetzure komkommer. Schep een lepel hummus in het midden van elke kom en bestrooi met de rest van de peterselie. Serveer de bowls met de dressing.

Maaltijdsalade met geroosterde radijsjes & geitenkaas

Dit covergerecht met geroosterde radijsjes ziet er door z'n zachtroze kleuren niet alleen prachtig uit, maar is ook verrassend lekker. Het is heel grappig om radijsjes eens te roosteren, dat geeft ze een totaal andere smaak dan de rauwe variant: veel milder en zachter.
Voor een snelle versie van deze lauwwarme salade kun je kant-en-klaar gekookte granen gebruiken, die je tegenwoordig in veel supermarkten vindt. Normaal vind ik dat onzin, maar als zwangere was het eerlijk gezegd mijn gebruikelijke keus. Wel zo makkelijk.

VOOR 2 PERSONEN
1 bosje radijs, schoongemaakt
1 el olijfolie
1 el maple syrup (ahornsiroop)
1 el citroensap
80 g parelgort, spelt of meergranenrijst
1 handje pecannoten
1 kleine avocado, in blokjes
2 plakken zachte geitenkaas
extra: bakplaat, bekleed met bakpapier

Verwarm de oven voor op 220 °C.
Dep de radijsjes goed droog en halveer ze, maar houd een paar exemplaren achter die je in dunne plakjes snijdt. Verdeel de halve radijsjes over de bakplaat. Meng de olijfolie, maple syrup, het citroensap en wat peper en zout in een kommetje en verdeel de helft van deze marinade over de radijsjes op de bakplaat. Schud goed om, zodat elk radijsjes met een glanzend laagje is bedekt. Bak 15 tot 20 minuten in de oven, of tot de radijsjes wat zachter worden en goudbruine randjes krijgen.
Bereid intussen de granen volgens de aanwijzingen op de verpakking. Doe de gekookte granen in een grote kom en meng er de overgebleven marinade, pecannoten, avocado en achtergehouden rauwe radijsplakjes door. Breng eventueel op smaak met extra olijfolie, peper en zout.
Leg de geitenkaas de laatste 2 minuten bij de radijsjes in de oven. Meng de geroosterde radijsjes door de salade, verdeel over twee borden en leg op ieder bord een plak geitenkaas.

Tip: de geroosterde radijsjes kun je prima een dag bewaren, maar weet wel dat ze iets lichter verkleuren én nogal heftig ruiken. Niet altijd fijn als je zwanger bent (en ja, ik spreek uit ervaring).

Variatie: vervang de radijsjes door kerstomaatjes, die intens zoet worden door het roosteren. Voor een supersnelle versie vervang je de radijs door extra blokjes avocado.

BEREIDEN: 20 MINUTEN (INCL. OVENTIJD)

Balsamicozalm met bloemkoolrijst uit de oven

VOOR 2 PERSONEN
400 g fijngemalen bloemkool*
1 teen knoflook, fijngehakt
200 g cavolo nero (palmkool)**, nerven verwijderd en in repen
1 el sesamolie
sojasaus met minder zout, om te besprenkelen
extra: bakplaat, bekleed met bakpapier

VOOR DE ZALM:
2 el sojasaus met minder zout
3 el balsamicoazijn
2 zalmfilets (ca. 125 g per stuk)
½ el honing

** Gebruik alleen de bloemkoolroosjes en maal deze kort fijn in de keukenmachine, tot ze de textuur van rijstkorrels hebben. Je kunt in steeds meer supermarkten kant-en-klare bloemkoolrijst kopen.*
*** Eventueel te vervangen door boerenkool.*

Dit gerecht is perfect voor een zwangere: het bevat vette vis, groene bladgroente (goede bron van foliumzuur!), verzadigt en is toch niet zo zwaar. Ook als je zwangerschapssuiker hebt is het fijn, want dankzij de bloemkoolrijst levert het veel minder koolhydraten. Normaal gesproken vindt ik doorbakken zalm – en als zwangere moet dat nou eenmaal – veel te droog, maar dankzij de marinade in dit recept blijft-ie heel mals. De bloemkoolrijst bak ik graag in de oven: zo wordt het mooi goudbruin en het scheelt je flink wat roerbakwerk. Bovendien gaart de kool in dit gerecht tegelijk mee en wordt zo heerlijk krokant.

Verwarm de oven voor op 200 °C.
Verdeel de fijngemalen bloemkool en knoflook over de bakplaat. Schep er ook de cavolo nero doorheen, maar leg een flinke hand hiervan aan de zijkant van de plaat. Die bakt mooi crispy.
Sprenkel sesamolie over de bakplaat en zorg dat alle groente met een laagje olie zijn bedekt. Dit gaat het makkelijkst door alles met je handen even om te scheppen en de stugge koolreepjes te 'masseren' met olie.
Bak ca. 15 minuten in de oven, of tot de bloemkool gaar is en de cavolo nero krokant. Schep halverwege even om.
Bereid intussen de zalm. Doe de sojasaus en balsamicoazijn in een koekenpan en breng aan de kook. Leg er de zalmfilets in en gaar deze ca. 3 minuten per kant, of tot ze helemaal doorbakken zijn. Keer halverwege en bedruip af en toe met de saus in de pan. Voeg een scheut water toe als de saus droog kookt. Voeg de laatste minuut de honing toe aan de pan, zodat de saus mooi stroperig wordt.
Besprenkel de groente (behalve de cavolo nero aan de rand van de bakplaat) met sojasaus naar smaak en verdeel over 2 borden. Verdeel er de crispy cavolo nero over en serveer met de zalm en eventueel wat balsamicosaus uit de pan.

Gevulde aubergines op twee manieren

Door aubergines te roosteren worden ze heerlijk zacht en een tikje rokerig. Dat roosteren kan direct in een gasvlam, maar ook gewoon in de oven. En dat laatste scheelt een hoop rotzooi. Ik vind het heerlijk om de geroosterde aubergines vervolgens te vullen en geef je hiervoor twee heel verschillende opties: een Midden-Oosterse met krokante kikkererwten en granaatappel en een klassieke Italiaanse versie met tomaat en mozzarella.

Ik rooster de aubergines ook weleens de avond van tevoren, zodat ik ze de volgende dag alleen nog maar hoef te vullen voor een snelle maaltijd.

Harissa-aubergines met krokante kikkererwten & granaatappel

VOOR 2 PERSONEN

2 aubergines, in de lengte gehalveerd
olijfolie, om te besprenkelen
4 tl harissa*
1 blikje kikkererwten (à 200 g), afgespoeld en uitgelekt
3 el Griekse yoghurt
3 el granaatappelpitjes
evt. handje verse peterselie, om te bestrooien
extra: bakplaat, bekleed met bakpapier

** Harissa is een Noord-Afrikaanse pittige saus, die veel in de Arabische keuken wordt gebruikt. Je kunt het hier vervangen door 2 tl sambal en 2 tl tomatenpuree te mengen.*

Verwarm de oven voor op 200 °C.
Snijd de halve aubergines kruislings in met een mes tot je een ruitpatroon hebt. Meng de helft van de harissa met een scheutje olijfolie, peper en zout en smeer hier het snijvlak van de aubergines mee in. Leg de aubergines met het snijvlak naar boven op de bakplaat.
Dep de kikkererwten goed droog en meng er de rest van de harissa en een flinke snuf zout door. Leg ze naast de aubergines op de bakplaat en rooster alles 30-35 minuten in de oven, of tot de aubergines gaar en de kikkererwten knapperig zijn. Dek de kikkererwten eventueel af met aluminiumfolie als het te hard gaat.
Schep de yoghurt op de harissa-aubergines en bestrooi met de krokante pittige kikkererwten, granaatappelpitjes en eventueel peterselie.
Serveer meteen.

BEREIDEN: 10 MINUTEN | OVEN: 38-40 MINUTEN

Aubergines met tomatensaus, mozzarella & basilicum

VOOR 2 PERSONEN

2 aubergines, in de lengte gehalveerd
olijfolie, om te besprenkelen
6 el tomatensaus (zie blz. 112 of kant-en-klaar)
1 bol mozzarella, in dunne plakjes
30 g Parmezaanse kaas, geraspt
paar blaadjes basilicum
extra: bakplaat, bekleed met bakpapier

Verwarm de oven voor op 200 °C.
Snijd de halve aubergines kruislings in met een mes tot je een ruitpatroon hebt. Besprenkel met olijfolie, bestrooi met peper en zout en bak ca. 30 minuten in de oven met het snijvlak naar boven, of tot ze gaar en zacht zijn.
Lepel de tomatensaus op de gare auberginehelften en beleg met mozzarella, Parmezaanse kaas en peper en zout. Bak nog 8-10 minuten in de oven, of tot de kaas is gesmolten.
Bestrooi met basilicum.

Gevulde zoete aardappels op twee manieren

Zoete aardappels laten zich – net als aubergines (zie blz. 82) – heel goed roosteren in de oven. Door ze in hun geheel te poffen, worden ze intens zoet en superzacht. Bovendien is het hartstikke makkelijk, want de oven doet al het werk. Ik maak dan ook meestal meteen een bakplaat vol, zodat ik de gepofte exemplaren 's avonds alleen nog maar hoef te vullen. Ik geef je twee heel verschillende suggesties voor de vulling die hier beide vaak op tafel verschijnen: eentje met geitenkaas en een Mexicaanse versie.
De portie is afhankelijk van de grootte van de aardappels en je trek. Ik reken op twee gevulde aardappels (eventueel met wat salade) als avondmaaltijd, maar bij heel grote exemplaren volstaat eentje wellicht ook.

Mexicaanse zoete aardappel uit de oven

VOOR 2 PERSONEN
4 zoete aardappels
1 kleine avocado
2 el yoghurt
sap van 1 limoen
1 blikje zwarte bonen (à 200 g)
4 el salsasaus
extra: aluminiumfolie + zeef

Verwarm de oven voor op 200 °C. Prik de aardappels een paar keer in met een vork, pak ze per stuk in met aluminiumfolie en pof ze in de oven in ca. 60-75 minuten gaar en zacht.

Prak intussen de avocado met de yoghurt en een flinke kneep limoensap tot een snelle guacamole. Breng stevig op smaak met peper en zout en zet even weg.
Spoel de zwarte bonen om in een zeef, laat goed uitlekken en breng ze daarna op smaak met limoensap, peper en zout.
Haal de gepofte zoete aardappels uit de oven, snijd in met een mesje en verdeel er de gemarineerde bonen, guacamole en salsasaus over.

Liever een pittige versie? Breng de bonen dan op smaak met chilipoeder en voeg een drupje tabasco toe aan de snelle guacamole. Ook lekker met een handje geraspte kaas.

BEREIDEN: 10 MINUTEN | OVEN: CA. 75 MINUTEN

Gepofte zoete aardappel met geitenkaas

VOOR 2 PERSONEN
4 zoete aardappels
150 g zachte geitenkaas (gepasteuriseerd)
¼ rode peper, in heel dunne ringetjes
handje peterselie, grofgehakt
lekkere olijfolie, om te besprenkelen
extra: aluminiumfolie

Verwarm de oven voor op 200 °C. Prik de aardappels een paar keer in met een vork, pak ze per stuk in met aluminiumfolie en pof ze in de oven in ca. 60-75 minuten gaar en zacht.

Haal de gepofte zoete aardappels uit de oven, snijd in met een mesje en verkruimel er de geitenkaas over. Bestrooi met de rode peper en peterselie en besprenkel met olijfolie.

BEREIDEN: 10 MINUTEN | WACHTEN: 60 MINUTEN

Zomerse gazpacho met nectarines

Toen ik zó pril zwanger was dat ik het zelf nog niet eens wist, proefde ik in Kaapstad een koude soep waar ik nogal enthousiast over was. Geen idee of het de beginnende zwangerschapshormonen waren, maar ik vond 'm waanzinnig. Het geheime ingrediënt bleek nectarine en daar ging ik thuis uiteraard meteen mee aan de slag.
Normaal gesproken wordt gazpacho met tomaten en paprika gemaakt, maar de toevoeging van nectarines maakt dit koele soepje lekker zoet en nét even anders. Heel fijn is bovendien dat je 'm gewoon in de blender of met de staafmixer maakt. Er komt geen pan aan te pas!

VOOR 4-6 KOMMEN
10 nectarines, ontpit en in stukken
ca. 25 kerstomaatjes, liefst in verschillende kleuren
250 ml tomatensap
sap van 1 limoen
½ chilipeper, zonder zaadjes
1 komkommer, geschild en zonder zaadlijsten
paar takjes basilicum
olijfolie, om te besprenkelen
extra: sterke blender of staafmixer

Pureer 8 nectarines met de tomaatjes, maar houd een paar tomaatjes achter voor de garnering. Voeg ook het tomatensap, limoensap, de chilipeper en komkommer toe en pureer glad. Breng de soep op smaak met peper en zout. Laat de soep minstens een uur goed koud worden in de koelkast en serveer vervolgens met basilicum, de achtergehouden nectarines en tomaatjes en een flinke scheut olijfolie.

Smoothieparfait met yoghurt

Yoghurt met muesli en een sapje, maar dan nét even anders. Deze kleurrijke smoothieparfait met yoghurt ziet er indrukwekkend uit, maar is toch echt snel gemaakt. Je kunt alles de avond van tevoren al in de koelkast klaarzetten, zodat je het 's ochtends alleen nog maar hoeft samen te voegen. En dankzij de yoghurt (calcium), banaan en bosvruchten (kalium, vitamine C) en muesli (vezels en foliumzuur) biedt dit ontbijtje je aardig wat voedzaams dat je als zwangere goed kunt gebruiken.
Het bevroren rode fruit in de smoothie zorgt voor een romige structuur – heel lekker in combinatie met de stevige muesli – en de amandelpasta maakt 'm wat verzadigender. Frambozen geven wat mij betreft de mooiste kleur, maar hebben wel wat honing nodig. Bij blauwe bessen is dat niet nodig.

VOOR 2 PARFAITS
1 banaan
150 g bevroren frambozen of blauwe bessen
evt. 2 tl honing
200-250 ml amandelmelk
150 g Griekse yoghurt
3 el muesli, granola of havervlokken
2 el amandelpasta
extra: staafmixer of blender

Pureer de banaan, bevroren frambozen of bessen en amandelmelk met de staafmixer of blender tot een dikke, romige smoothie. Zet even weg.
Verdeel de yoghurt, muesli en amandelpasta over 2 glazen. Schenk er de smoothie over (je houdt misschien wat over) en eet meteen.

Tip: voor een supersnelle versie gebruik je gewoon een kant-en-klare smoothie, maar dan liefst wel een dikke variant.

4.

Preggo Proof

HOOFDSTUK 4

ALS ZWANGERE ZIJN ER DINGEN DIE JE BETER NIET KUNT ETEN OF DRINKEN...

Rauw vlees bijvoorbeeld, omdat er ziekmakers als toxoplasma in kunnen zitten, die schadelijk voor je kindje zijn. Rauwe vis is geen goed idee omdat het listeria kan bevatten – net als rauwmelkse ('au lait cru') zuivel trouwens – en roofvis bevat te veel kwik. Rauwe eieren vermijd je vanwege het risico op salmonella (vooral vervelend voor jezelf) en alcohol kan de ontwikkeling van de hersenen en organen van je kindje negatief beïnvloeden.

De meningen over wat je wel en niet mag eten tijdens een zwangerschap zijn soms nogal verdeeld en ook nog eens continu aan nieuwe inzichten onderhevig. Volgens de ene verloskundige is kraakverse sushi geen probleem, de ander verbiedt het je met klem. Sommige zwangere vrouwen eten met smaak een spiegeleitje in het weekend, terwijl anderen in restaurants angstvallig de huisgemaakte mayonaise vermijden. En mag tonijn uit blik nu wel of niet*? Zelfs de voedingsadviezen vanuit de overheid veranderen bijna elk jaar wel iets.

Best verwarrend, al die verschillende inzichten en meningen. Ik vind dat je je bewust moet zijn van eventuele risico's door je goed in te lezen, zodat je uiteindelijk zelf een keuze kunt maken. Ik was zelf enorm voorzichtig en vond het geen probleem om negen maanden wat meer op te letten. Maar dat wil niet zeggen dat ik af en toe niet enorm verlangde naar filet américain, steak tartare, een glas wijn of sushi. Misschien ook juist omdat het even niet mocht: verboden vruchten smaken immers het zoetst.

Ik besloot alternatieven te creëren voor de gerechten die ikzelf en andere zwangeren het meest missen. Nooit een rechtstreekse kopie van het origineel, maar wél een lekkere zwangerproof versie die er absoluut niet voor onderdoet. Van een zalige tiramisu met een heel bijzonder ingrediënt tot de lekkerste mocktails. Helemaal preggo proof.

** Het Voedingscentrum heeft begin 2018 het advies aangepast. Ook tonijn uit blik wordt nu afgeraden, omdat de hoeveelheid kwik vergelijkbaar blijkt met die in verse tonijn.*

BEREIDEN: 15 MINUTEN

Steak tartare van watermeloen

VOOR 2 PERSONEN

400 g watermeloen
½ sjalotje, fijngesnipperd
1 kleine augurk, in kleine blokjes
1 tl kappertjes, grofgehakt
½ tl worcestersaus
1 tl mosterd
2 el olijfolie
extra: schone theedoek + kookring

Het gerecht dat ik het allermeest miste tijdens mijn zwangerschap was steak tartare. Niet dat ik het normaal gesproken dagelijks eet, maar negen maanden zonder deze Franse klassieker vond ik wel erg lang.
Gelukkig zijn er steeds meer fijne variaties op dit gerecht te vinden. Zo at ik bij De Librije eens een geweldige steak tartare van watermeloen met piccalilly. Die meloen was zo bewerkt dat-ie oprecht de structuur van vlees had. Fascinerend! Nou heb ik thuis bij lange na niet de keukenapparatuur van een sterrenchef, maar ik ontdekte na lang experimenteren een heel simpel trucje met verrassend goed resultaat. Deze steak tartare is geweldig lekker en vrijwel niemand raadt het hoofdingrediënt. Echt een enorme aanrader!

Snijd de watermeloen in kleine blokjes, leg op een theedoek en wring de theedoek goed uit. (Het watermeloensap kun je opvangen en bijvoorbeeld gebruiken voor de watermeloen fizz cocktail van blz. 107) Doe de uitgeknepen watermeloen in een kom.*
Doe de sjalot, augurk, kappertjes, worcestersaus, mosterd en olijfolie bij de watermeloen en meng alles goed. Breng het mengsel op smaak met peper en zout en proef even. Mag de tartare pittiger? Voeg dan extra mosterd toe. Zilter? Extra kappertjes. Liever wat smeuïger? Gebruik meer olijfolie.
Schep de tartare met behulp van een kookring op twee borden. Lekker met wat toast of friet met goede mayonaise.

** Je kunt ook eerst een groot stuk watermeloen uitwringen en het daarna in kleine blokjes snijden. Dat levert iets nettere blokjes op, maar ook een wat natter eindresultaat.*

BEREIDEN: CA. 45 MINUTEN (AFHANKELIJK VAN DE KOOKTIJD VAN DE RIJST)

Spicy sushi roll

Als zwangere kwam ik in New York het populaire zaakje Beyond Sushi tegen, waar ze alleen maar vegan (en dus zwangerproof!) sushi maken. Ik was helemaal verrukt over mijn ontdekking, vooral toen bleek dat deze sushi echt ontzettend lekker is.
Ik was vooral fan van de spicy mango roll met pittige cayennesaus en romige avocado, die ik eenmaal thuis natuurlijk móést namaken.
In New York bereiden ze 'm met zwarte rijst, wat de sushi een tikje vreemd uiterlijk geeft, maar ook een bijzonder smaakje.
Ik kies zelf meestal voor beter verkrijgbare volkorenrijst, maar je kunt ook traditionele sushirijst gebruiken.

VOOR 2 PERSONEN
100 g ronde volkorenrijst of sushirijst
2 el sushi-azijn
3 norivellen
½ mango, in reepjes
½ komkommer, in reepjes
½ avocado, in dunne plakjes
1 el sesamzaadjes
Japanse sojasaus, om te serveren
extra: sushimatje + stuk plastic folie

VOOR DE CAYENNESAUS:
2 el mayonaise (Japanse is het lekkerst, maar gewone kan ook)
½ tl sesamolie
snuf cayennepeper

Kook de rijst volgens de aanwijzingen op de verpakking gaar. Laat afkoelen en schep er de sushiazijn door.
Maak intussen de saus door de mayonaise, sesamolie en cayennepeper in een kleine kom te mengen. Voeg een drupje water toe om de saus iets te verdunnen en zet even weg.
Leg een stuk plastic folie op het sushimatje en leg hier horizontaal een vel nori op, met de ruwe kant naar boven. Schep ongeveer een derde van de rijst op het vel en druk aan met vochtige handen. Verdeel achtereenvolgens de reepjes mango, komkommer en avocado over de rijst.
Rol het norivel met de vulling voorzichtig op met behulp van het matje. Bevochtig het laatste randje van het norivel met je vingers, zodat de rol goed plakt. Verwijder voorzichtig het plastic folie of laat de sushirol eerst even rusten in de koelkast om steviger te worden. Herhaal met de rest van de ingrediënten en maak zo nog twee sushirollen.
Snijd elke sushirol met een heel scherp en vochtig mes in zo'n 8 plakjes. Leg de plakjes op een serveerschaal of groot bord en sprenkel er de cayennesaus over en bestrooi met sesamzaadjes. Serveer met sojasaus.

Tip: maak een dubbele portie van de cayennesaus en bestrijk er toast mee, die je vervolgens belegt met plakjes avocado en bestrooit met sesamzaadjes. Zalige avocadotoast!

Zwangerproof filet américain

Filet américain schijnt een van de gerechten te zijn die zwangere vrouwen het meest missen, en dat herken ik wel. Sterker nog: de dag na mijn bevalling werkte ik een heel bakje weg en tijdens de rest van de kraamweek stond mijn man elke dag bij de slager.
Nou zijn er tegenwoordig best wat vegetarische varianten in de supermarkt te vinden, maar ik werd toch niet zo gelukkig van het sojabijsmaakje en de ellenlange lijst ingrediënten.
Mijn versie maak je gewoon zelf van ingrediënten die je hoogstwaarschijnlijk allemaal in je keukenkastje hebt staan.
Nét niet helemaal 'the real deal', maar wél een lekker alternatief tijdens die negen maanden.

VOOR 1 BAKJE

1 blik cannelinibonen (à 300 g), afgespoeld en uitgelekt
1 el mayonaise
1 el tomatenpuree
2 tl citroensap
2 tl worcestersaus
1 tl mosterd
½ tl (gerookt) paprikapoeder
1 sjalotje, heel fijngehakt
1 tl kappertjes, heel fijngehakt
extra: keukenmachine of staafmixer

Pureer de bonen in de keukenmachine tot een grove puree. Voeg alle overige ingrediënten toe en breng stevig op smaak met peper en zout.
Proef goed. Wil je 'm pittiger? Gebruik extra mosterd. Frisser? Extra citroensap. Meer bite? Voeg dan extra sjalot en kappertjes toe.

Tip: Overgebleven filet kun je zeker 3 dagen bewaren in een goed afgesloten bakje in de koelkast.

BEREIDEN: 20 MINUTEN | WACHTEN: 2 UUR

Zwangerproof tiramisu met bijzonder ingrediënt

Gewone tiramisu is tijdens je zwangerschap natuurlijk niet zo verstandig, want: rauwe eieren en alcohol. Dus ging ik aan de slag voor een volwaardige zwangerproof versie. Mijn twee favoriete recepten (eentje met slagroom en deze) werden blind geproefd en de uitslag was unaniem én verrassend. De versie met *aquafaba* won. Aquafaba? Jazeker, het vocht uit een blikje kikkererwten blijkt enorm te lijken op eiwit. Je kunt het prima stijfkloppen en er zelfs meringues en mayonaise van maken. En een zalige tiramisu dus, die niet onderdoet voor de traditionele variant.

VOOR 4 PERSONEN (OF REALISTISCHER: 2 PERSONEN)

vocht uit 1 blikje kikkererwten (à 200 g) = ca. 8 el
4 tl suiker
250 g mascarpone
20 lange vingers*
100 ml sterke koffie of espresso, afgekoeld
evt: 3 el alcoholvrije koffiesiroop met hazelnootsmaak
cacaopoeder, om te bestuiven
extra: handmixer + zeefje + 4 glazen

* *Italiaanse lange vingers (savoiardi) uit delicatessenwinkels zijn het lekkerst, maar de goedkoopste supermarktvariant volstaat ook prima.*

Klop het kikkererwtenvocht in een vetvrije kom tot pieken. Dat gaat het makkelijkst met een handmixer en duurt een paar minuten. Voeg dan de suiker toe en mix nog even tot de suiker is opgelost.
Klop de mascarpone in een andere kom goed los met de mixer en meng er de helft van het kikkererwtenschuim door met een lepel. Schep er dan snel de rest van het schuim door, om de luchtigheid te behouden.
Meng de koffie eventueel met de siroop. Doop 10 lange vingers een voor een in de koffie en leg ze in één laag in de glazen. Verdeel er de helft van het mascarponemengsel over. Herhaal met de rest van de lange vingers, koffie en mascarpone.
Laat de tiramisu liefst 2 uur opstijven in de koelkast. Bestuif vlak voor het serveren met een laagje cacaopoeder.

Tip: Je kunt de tiramisu natuurlijk ook in één grote schaal maken.

BEREIDEN: 15 MINUTEN | WACHTEN: 30 MINUTEN

Pure chocolademousse

Klassieke chocolademousse maak je met rauwe eieren, maar dat is als zwangere natuurlijk niet zo verstandig. Gelukkig zijn er allerlei alternatieven mogelijk, waarvan ik er voor dit boek maar liefst zes heb getest. Versies met avocado of tofu blijken – hoe fascinerend ik ze ook vind – niet echt aan mij besteed. Ik vind: als je chocolademousse eet, kan het maar beter heel lekkere zijn. En dat is deze variant zeker. Verrukkelijk zelfs. Mooi meegenomen is dat je de mousse met maar twee ingrediënten maakt en dat-ie eigenlijk niet kan mislukken.

VOOR 2 PERSONEN

60 g pure chocolade, in kleine blokjes
130 ml slagroom
extra: mixer

Smelt de chocolade au bain-marie (in een kom die boven een pan nét niet kokend water hangt, zonder dat die kom het water raakt) of in de magnetron. Voeg 2 eetlepels van de room toe, roer glad en laat het chocolademengsel afkoelen.
Klop intussen de slagroom op tot deze lobbig is (niet tot stevige pieken, dan wordt de mousse te stevig). Schep eerst de helft van de slagroom rustig door de gesmolten chocolade tot alles is gemengd en schep er daarna snel de andere helft door. Niet te lang mengen, je wilt de luchtigheid behouden.
Verdeel de chocoladeroom over 2 kommetjes of glazen. Laat de mousse liefst 30 minuten tot 2 uur opstijven in de koelkast, maar meteen eten kan ook.

Tip: Maak je de mousse langer van tevoren? Laat 'm dan een kwartiertje buiten de koelkast wat zachter worden, voor het serveren. Het eindresultaat zal wel minder luchtig zijn.

BEREIDEN: 5 MINUTEN

Mocktails

Ik ben absoluut geen stevige drinker – integendeel zelfs – maar een glas wijn miste ik af en toe best wel tijdens mijn zwangerschap. Ik probeerde wel eens een alcoholvrije variant, maar vond de meeste versies echt niet te drinken. Veel te zoet! Datzelfde geldt voor veel virgin cocktails, die vaak meer lijken op kinderlimonade dan op volwassen drankjes. Daarom creëerde ik twee mocktails die allebei écht lekker zijn en bovendien zo gemaakt. Zeker weten dat je met deze feestelijke drankjes de alcohol totaal niet mist.

Watermeloen fizz

VOOR 2 GLAZEN
200 g watermeloen
2 schijfjes limoen
200 ml bruisend water
extra: staafmixer of blender + evt. zeefje + ijsblokjes

Pureer de watermeloen met een staafmixer of in de blender glad. Je kunt het watermeloensap eerst zeven (dan wordt de cocktail minder troebel) of het gewoon zo gebruiken (dat doe ik meestal). Verdeel een handje ijsblokjes, het watermeloensap en de limoen over twee cocktailglazen. Vul aan met het bruiswater en serveer meteen.

Virgin & Tonic

VOOR 2 GLAZEN
5 el vlierbloesemsiroop
200 ml tonic (ik gebruik graag Fever-Tree)
2 komkommerlinten*
4 schijfjes citroen
2 takjes munt
extra: ijsblokjes

** Met een kaasschaaf schaaf je heel makkelijk dunne verticale linten van een komkommer.*

Vul twee grote cocktailglazen tot aan de rand met ijsblokjes. Schenk de siroop erover en vul aan met tonic. Roer even en verdeel dan de komkommerlinten, citroen en munt over de glazen. Serveer meteen.

5.
#Momlife

HOOFDSTUK 5

'GENIET ER NOG MAAR EVEN VAN, WANT NA DE ZWANGERSCHAP BEGINT HET PAS ECHT'...

Dit hoorde ik vaak. Verhalen over gebroken nachten, rampzalige bevallingen en wallen tot op je knieën... als zwangere krijg je de meest verschrikkelijke dingen te horen. Niet echt bemoedigend, maar dan kan het alleen maar meevallen.

Zulke verhalen gecombineerd met een immense nesteldrang, zorgden ervoor dat ik al vroeg in mijn zwangerschap druk bezig was om alles op orde te maken. Niet alleen moest alles brandschoon en perfect opgeruimd zijn, ik wilde per se ook een goedgevulde vriezer. Dat leek me nou zo ideaal: een flinke voorraad voedzame maaltijden voor die eerste drukke weken met je kleintje.

Het was maar goed dat ik daar op tijd mee begon, want drie weken eerder dan verwacht kondigde mijn zoontje zich al aan. En waar sommige voorbereidingen wat overbodig bleken (om mijn drie reserve-eerste-pakjes-met-reserve-eerste-mutsjes-en-reserve-eerste-sokjes in doorzichtige zakjes met keurig etiket werd in het ziekenhuis hartelijk gelachen), was de goedgevulde vriezer een feestje. Echt waar.

Nadat ik de eerste kraamdagen had genoten van alles wat negen maanden lang niet mocht (steak tartare! sashimi!), zorgden de diepvriesmaaltijden er daarna voor dat we dagelijks genoten van een écht lekker diner. Tussen al het voeden, verschonen, troosten, wassen en knuffelen door blijft er namelijk verrekte weinig tijd over om eens uitgebreid te koken. Laat staan om boodschappen te doen. Terwijl je juist in deze periode alle energie in de vorm van een fijne maaltijd heel goed kunt gebruiken.

In dit hoofdstuk deel ik dan ook mijn favoriete vooruitkook-maaltijden met je, die echt perfect zijn tijdens de eerste hectische weken met je baby. Ik geef je meteen advies om ze zo goed mogelijk te bewaren en later weer op te warmen. En als ik een laatste tip mag geven: zo'n gerecht is een ideaal kraamcadeau. Zeker weten dat je elke kersverse moeder hier waanzinnig gelukkig mee maakt. Eeuwige dankbaarheid verzekerd.

** Op pagina 131 leg ik je uit hoe je de gerechten het beste kunt invriezen en weer opwarmen.*

BEREIDEN: 30 MINUTEN | OVEN: 30 MINUTEN | INVRIEZEN: ZIE BLZ. 131

Lievelingslasagne

VOOR 2 TWEEPERSOONS-SCHALEN:
2 el olijfolie
2 teentjes knoflook, fijngehakt
1 ui, fijngehakt
1 courgette, in blokjes
1 rode paprika, in blokjes
2 blikken tomaten-blokjes (à 400 g)
125 g crème fraîche
250 g verse lasagnebladen
75 g Parmezaanse kaas, geraspt
75 g mozzarella, geraspt
klein bosje basilicum, alleen de blaadjes
extra: 2 rechthoekige kleine ovenschalen (ca. 20x12 cm)

Tip: voeg een scheutje balsamicoazijn toe aan de pastasaus voor een extra diepe smaak.

Deze lasagne is wat mij betreft de allerlekkerste en ik moet de eerste persoon nog tegenkomen die 'm niet geweldig vindt. Alleen al de geur van basilicum, pittige parmezaan en zoete tomatensaus doet je watertanden.
Behalve erg lekker is-ie ook erg makkelijk, want zonder gedoe met laagjes bechamelsaus. De romige crème fraîche meng je gewoon door de tomatensaus, een tip van de Amerikaanse chef Julia Turshen die ik volledig heb omarmd. Ik voeg er graag extra groenten aan toe, want die kun je de eerste weken met een kleintje wel gebruiken. Wie liever een stevige vleesversie wil, kan wat rundergehakt meebakken en toevoegen aan de saus.

Verwarm de oven voor op 200 °C.
Verhit de olie in een grote hapjespan en fruit de knoflook en ui een paar minuten tot de ui glazig is. Voeg de blokjes courgette en paprika toe en bak even mee.
Schenk de tomatenblokjes in de pan, breng alles aan de kook en voeg peper en zout toe. Laat op laag vuur minstens 20 minuten pruttelen. Hoe langer de saus staat, hoe intenser de smaak.
Haal de tomatensaus van het vuur en laat de crème fraîche in de saus smelten. Roer goed om tot er een romige saus ontstaat en verdeel een beetje over de bodem van beide ovenschalen.
Verdeel een laag lasagnebladen over de schalen en zorg dat de hele schaal is bedekt. Schep er een laagje tomatensaus over en spreid dit goed uit met een lepel, het is de bedoeling dat elk stukje lasagneblad met saus is bedekt. Verdeel er wat Parmezaanse kaas, mozzarella en basilicum over en ga dan door met nieuwe lasagnebladen.
Herhaal dit een paar keer en eindig met een laag tomatensaus en kaas bovenop. Je houdt misschien wat lasagnebladen over.
Bak de lasagne ca. 30 minuten in de oven, of tot de randjes goudbruin zijn. Lasagne die je in wilt vriezen bak je 5 minuten korter. Laat de lasagne na het bakken nog een kwartiertje staan, zodat-ie iets steviger wordt en makkelijker te snijden is.

BEREIDEN: 15 MINUTEN | OVEN: 30 MINUTEN | INVRIEZEN: ZIE BLZ. 131

Quiche met prei & belegen kaas

Een flinke punt quiche is wat mij betreft echt perfect voor de kraamperiode, want je kunt 'm met één hand eten en ook lauwwarm of zelfs koud smaakt-ie prima. Best handig als je je handen vol hebt en geen idee hebt wanneer je ooit weer rustig aan tafel zit. Mijn uitgever vertelde dan ook dat ze standaard een quiche meeneemt als kraamcadeau en dat lijkt me nou een uitstekend idee.

Dit fijne recept is gebaseerd op de lage quiche lorraine van mijn moeder, die vroeger vaste prik was bij feesten en partijen. Zij maakt 'm altijd met croissantdeeg, wat naast ontzettend lekker ook heel slim is, want de bodem hoeft niet te worden voorgebakken en wordt niet snel klef.

VOOR 2 LAGE QUICHES

1 blikje (=6 plakjes) croissantdeeg
1 el olijfolie
2 preien, schoongemaakt en in halve ringen
4 el crème fraîche
6 eieren
100 g geraspte belegen kaas
150 g parmaham*, in stukjes
extra: 2 ronde ovenschalen of bakvormen (ca. ø23 cm), ingevet

** Rauwe parmaham eet je als zwangere liever niet, maar uit de oven is het geen probleem. Je kunt het natuurlijk ook vervangen door een andere ham naar keuze.*

Verwarm de oven voor op 200 °C.
Bekleed de bodem en randen van de schalen met croissantdeeg. Zorg dat alle deegnaden goed zijn afgedekt, zodat er straks geen vulling kan ontsnappen.
Verhit de olijfolie in een grote koekenpan, voeg de prei toe en bak in ca. 6 minuten zacht en gaar. Breng op smaak met peper en zout. Verdeel de prei over de deegbodems.
Klop de crème fraîche los met de eieren en schep er ook de kaas en ham door. Verdeel dit mengsel over de prei en zorg dat het gelijkmatig is verdeeld.
Bak de quiches in 25-30 minuten goudbruin en gaar.
Dek ze af met aluminiumfolie als het te hard gaat.
Eet ze het liefst lauwwarm.

Currybowls met zoete aardappel

VOOR 2 PERSONEN NU
+ 2 PERSONEN LATER
2 el kokosolie
2-4 el rode currypasta*
800 g zoete aardappel, geschild en in blokjes
400 ml kokosmelk (blik)
240 ml groentebouillon
400 g sperziebonen, schoongemaakt en gehalveerd
scheutje vissaus, naar smaak
sap van 1 limoen
4 el gemalen kokos

**Afhankelijk van de pittigheid van de currypasta*

Ideaal voor de kraamtijd: gerechten in één kom. En van deze intens geurige rode currybowls met zoete aardappel, kokos en sperziebonen word je zeker weten heel gelukkig.
Normaal gesproken maak ik regelmatig zelf currypasta, maar tijdens mijn zwangerschap had ik daar dus écht geen zin in. Gelukkig is er niks mis met een gekocht exemplaar, vooral als je kiest voor een Thais merk zonder gekke toevoegingen. Gebruik alsjeblieft ook lekkere kokosmelk: van zo'n waterige light-variant wordt niemand blij.

Verhit de olie in een hapjespan en bak de currypasta even aan. Voeg de blokjes zoete aardappel toe en schep om, tot alle blokjes met een laagje currypasta zijn bedekt.
Voeg de kokosmelk en bouillon toe, breng aan de kook en laat de curry op laag vuur ca. 15 minuten pruttelen of tot de zoete aardappel gaar is. Laat de sperziebonen nog een minuut of 3 mee garen en breng de curry op smaak met vissaus en wat limoensap.
Verdeel de helft van de curry over 2 kommen en bestrooi met verse kokos. Vries de andere helft van de curry in.

Tip: bij grote trek kun je er altijd wat rijst of naanbrood bij serveren.

BEREIDEN: 25 MINUTEN | INVRIEZEN: ZIE BLZ. 131

Invries-burrito's met chipotlekip

VOOR 8 BURRITO'S (4 NU + 4 LATER)

1 el olijfolie
1 grote ui, gesnipperd
1 rode paprika, in blokjes
1 blik tomaatblokjes (à 400 g)
½ tl komijn
2 tl chipotle in adobosaus*
400 g gegrilde kip, in kleine stukjes gescheurd
1 blik zwarte bonen (à 400 g), omgespoeld en uitgelekt
sap van ½ limoen
8 grote bloemtortilla's
80 g belegen kaas, geraspt
evt. guacamole, zure room en/of salsa, voor erbij
extra: aluminiumfolie

** Te koop bij grote supermarkten, delicatessenwinkels en online. Je kunt het hier vervangen door een snufje chili en gerookt paprikapoeder.*

Deze burrito's zijn perfect om als snelle maaltijd in je vriezer te hebben liggen, want je hoeft ze niet te ontdooien. Ze gaan gewoon bevroren in de magnetron of oven en binnen no time heb je zo'n zalige tortilla op je bord. Idealiter maak je ze met een restje gegrilde kip, maar je kunt ook wat kippendijfilet (veel minder droog dan kipfilet) grillen in een grillpan. Natuurlijk kun je ook uitgebreid variëren met de vulling. De bonen zorgen ervoor dat de wraps niet te klef worden, maar je kunt daarnaast ook rijst, zoete aardappel of pompoen gebruiken of de kip vervangen door rundvlees.
Normaal ben ik groot fan van maïstortilla's, maar voor dit recept adviseer ik juist de zachtere grote bloemtortilla's, die minder snel breken.

Verhit de olie in een grote koekenpan en fruit de ui aan tot deze glazig is. Voeg de paprika toe en bak even mee. Doe ook de tomaatblokjes, komijn en chipotle in de pan en laat de saus 10 minuten pruttelen. Voeg de kip toe, breng op smaak met peper en zout en laat nog 5 minuten stoven. Doe intussen de bonen in een kom en breng stevig op smaak met het limoensap, peper en zout.
Leg een tortilla op je werkblad en beleg met 2 eetlepels bonen en 2 eetlepels van het kipmengsel. Bestrooi met wat kaas en vouw de tortilla stevig dicht, zodat de vulling niet ontsnapt. Maak zo nog zeven burrito's met de rest van de ingrediënten.
Serveer de burrito's eventueel met guacamole, zure room en/of salsa.

Tip: ook lekker om een halve theelepel gerookte paprikapoeder *(pimentón)* aan de kip toe te voegen.

BEREIDEN: 20 MINUTEN | INVRIEZEN: ZIE BLZ. 131

Minestrone met parelcouscous

VOOR 2 PERSONEN NU + 2 PERSONEN LATER

2 el olie + extra, om te besprenkelen
1 grote ui, gesnipperd
2 teentjes knoflook, fijngehakt
1 wortel, in blokjes
2 stengels bleekselderij, in halve maantjes
2 blikken tomatenblokjes (à 400 g)
1,2 l groentebouillon (= 3 lege tomatenblikken)
evt. korstje van Parmezaanse kaas of pecorino (zie intro)
300 g gemengde bonen* (uitgelekt gewicht)
100 g parelcouscous
Parmezaanse kaas + blaadjes basilicum, om te serveren

** Ik gebruik meestal een mix van rode bonen, cannelinibonen en kikkererwten.*

Er zijn van die gerechten die alleen maar lekkerder worden door ze even te laten staan of in te vriezen en deze minestrone is daar zeker één van. Deze maaltijdsoep bomvol groente en bonen is lekker vullend en toch licht verteerbaar, precies wat je wil na de bevalling.
Om van een lekkere minestrone een geweldige minestrone te maken, laat je een korstje van Parmezaanse kaas of pecorino meestoven. Ik heb altijd een zakje in de vriezer liggen, want het is niet normaal hoeveel smaak die restjes kaas afgeven. Als alternatief zou je aan het begin wat blokjes pancetta mee kunnen bakken, of voeg een flinke lepel (goede!) tomatenpuree toe.

Verhit de olie in een grote soeppan en bak de ui, knoflook, wortel en bleekselderij ca. 8 minuten aan, of tot de ui glazig ziet en de groenten iets zachter zijn.
Voeg de tomatenblokjes, bouillon en eventueel het kaaskorstje toe. Laat een kwartiertje pruttelen. Voeg dan de bonen en parelcouscous toe en laat nog minstens 10 minuten op laag vuur doorkoken. Als je de minestrone langer laat staan, wordt-ie alleen maar lekkerder. Het kan wel zijn dat je na een tijdje wat extra water moet toevoegen als de soep te dik wordt.
Verwijder de kaaskorst voor het serveren, verdeel de minestrone over 2 borden (bewaar de andere helft om in te vriezen) en bestrooi met Parmezaanse kaas en basilicum. Besprenkel met olijfolie.

BEREIDEN: 20 MINUTEN | OVEN: 20 MINUTEN | INVRIEZEN: ZIE BLZ. 131

Gevulde pastaschelpen met parmezaan-kruidencrème

Deze Italiaans gevulde pastaschelpen zien er ontzettend feestelijk uit, maar zijn zó gemaakt: de tomatensaus maakt zichzelf, het vullen van de schelpen is een eitje en de oven doet het meeste werk. En wat smaken ze zalig!
Met de ricottavulling kun je natuurlijk prima variëren. Zo vind ik het lekker om er fijngehakte artisjokharten, zongedroogde tomaatjes of olijven door te mengen.

VOOR 2 PERSONEN NU
+ 2 PERSONEN LATER
250 g grote pastaschelpen (ruim 20 stuks)
bosje basilicum, alleen de blaadjes
bosje peterselie, alleen de blaadjes
3 el Parmezaanse kaas + extra, om te bestrooien
1 bakje ricotta
2 blikken tomaatblokjes (à 400 g)
extra: 2 ovenschalen (ca. 20 cm)

Verwarm de oven voor op 200 °C.
Kook de pastaschelpen in een grote pan met water en zout volgens de aanwijzingen op de verpakking beetgaar.
Maak intussen de vulling. Snijd de basilicum en peterselie fijn en meng ze met de Parmezaanse kaas door de ricotta. Breng op smaak met peper en zout. Verdeel de tomaatblokjes over de bodem van de ovenschalen en voeg peper en zout naar smaak toe.
Giet de pastaschelpen af, laat ze goed uitlekken en vul ze elk met een lepeltje kruiden-parmezaancrème. Leg ze naast elkaar in de ovenschalen (zorg dat de saus minimaal tot halverwege de schelpen komt) en bestrooi met Parmezaanse kaas.
Bak ca. 20 minuten in de oven, of tot de schelpen goudbruin kleuren aan de bovenkant. Serveer met extra Parmezaanse kaas.

BEREIDEN: 20 MINUTEN | WACHTEN: 1 UUR

Chocoladeflikken met muisjes

VOOR CA. 25 STUKS

200 g chocolade, grofgehakt
½ pak blauwe of roze muisjes
extra: bakplaat, bekleed met bakpapier

Deze verslavend lekkere chocoladeflikken doet het heel goed in de kraamperiode. Ze zijn hartstikke makkelijk om te maken, smaken perfect bij een kop koffie en je bewaart ze gewoon op kamertemperatuur of in de koelkast. Je kunt de flinterdunne flikken met elke soort chocolade maken, maar ik vind zelf de combinatie van wat bittere, pure chocolade en de zoete anijssmaak van de muisjes het lekkerst.
Mocht je geen geduld hebben om nette rondjes te maken, dan kun je de chocolade ook gewoon op een bakplaat storten en na het opstijven in stukken breken. Voilà: chocoladeschotsen met muisjes.

Smelt de chocolade au bain-marie (in een kom die boven een pan nét niet kokend water hangt, zonder dat die kom het water raakt). Laat de chocolade rustig smelten, terwijl je regelmatig roert. Als bijna alle chocolade is gesmolten, haal je de pan van het vuur en laat je al roerend de laatste stukjes smelten in de glanzende chocoladesaus.
Laat steeds een lepel van de gesmolten chocolade op de bakplaat vallen. Bestrooi de rondjes chocolade met muisjes en laat de flikken minstens een uur opstijven in de koelkast. Haal ze daarna voorzichtig los van het bakpapier.

BEREIDEN: 15 MINUTEN | OVEN: 40-45 MINUTEN | INVRIEZEN: ZIE BLZ. 131

ZIE BLZ. 131

Espresso-bananenbrood met pecannoten

VOOR 1 BROOD (12 PLAKJES)
4 bananen
3 eieren
50 g amandelmeel
100 g (spelt)bloem*
2 tl bakpoeder
1½ el espressopoeder
evt. 1 tl kaneel
25 g pure chocolade, grofgehakt
2 handen (50 g) pecannoten, grofgehakt
extra: bakvorm (ca. 22 cm), ingevet en/of bekleed met bakpapier
+ evt. staafmixer

** Je kunt de (spelt)bloem vervangen door havermeel, volkoren meel of boekweitmeel. Of gebruik 150 gram amandelmeel in totaal.*

Er zijn natuurlijk al een miljoen recepten voor bananenbrood (in mijn eerste boek *All-day breakfast* deelde ik er ook eentje), maar tóch voeg ik daar nog een recept aan toe. Omdat dit makkelijke bananenbrood misschien wel het recept is dat ik het vaakst bak, maar vooral omdat ik er in mijn kraamtijd zo gelukkig van werd dat ik een vriezer vol plakjes had. Het is echt de ideale snack tijdens die intensieve eerste weken. Idealiter neem je rustig een plak met een cappuccino erbij, maar de realiteit leert dat dit met een baby vrijwel onmogelijk is. Lees: die koffie drink je standaard koud. Vandaar dus een variant waarin die broodnodige cafeïne gewoon al is verwerkt, mét pecannoten (want: extra energie) en chocolade (want: chocolade). Mijn nieuwe favoriet!

Verwarm de oven voor op 180 °C.
Pureer 3 bananen (ik doe dit meestal met de staafmixer, maar je kunt ook een vork gebruiken) en snijd de vierde in de lengte doormidden. Schep de eieren, twee soorten meel, bakpoeder, espressopoeder en eventueel de kaneel door de geprakte banaan en meng alles goed. Voeg tot slot de chocolade en noten toe en schep nog even om. Giet het beslag in de bakvorm, leg de gehalveerde banaan er bovenop en bak 40-45 minuten in de voorverwarmde oven, of tot een prikker die je in de cake steekt er zonder beslag weer uit komt. Laat afkoelen op een rooster.

Got milk-cookies met macadamia & witte chocolade

In Amerika kwam ik het concept voor het eerst tegen: lactatiekoekjes. Stervensdure thuisbezorgde koekjes met ingrediënten die de borstvoeding zouden stimuleren. Ik was enorm geïntrigeerd en wilde voor dit boek natuurlijk zelf aan de slag. Gelukkig bleken de ingrediënten helemaal niet zo ingewikkeld: havermout, noten, lijnzaad, kokos en vaak ook nog wat biergist*. Het fijne aan dit soort koekjes zelf maken is dat je precies weet wat erin gaat. Ik koos voor witte chocolade en macadamianoten, een beproefde combinatie die het hartstikke goed doet met havermout.
Het resultaat mag er zijn: niet te zoete, knapperige koekjes die bij iedereen in de smaak vallen. Ik heb zelf nog niet kunnen proberen of ze werken, maar dat ze lekker zijn én die broodnodige energie leveren staat vast. En heel fijn: als je een flinke voorraad deeg maakt, heb je altijd supersnel verse, warme koekjes in huis. Ideaal!

VOOR 12 STUKS
75 g havermout
50 g zelfrijzend bakmeel
75 g zachte boter
1 ei
3 el honing
1 el suiker
30 g macadamianoten, grofgehakt
30 g witte chocolade, grofgehakt
2 el kokosrasp
1 el gebroken lijnzaad
extra: bakplaat, bekleed met bakpapier

Verwarm de oven voor op 180 °C.
Meng de havermout, bakmeel, boter, ei, honing en suiker in een grote kom met een lepel (of met je handen) tot een enigzins plakkerig deeg. Meng er de overige ingrediënten door.
Vorm met je handen of een lepel 12 rondjes van het deeg en verspreid deze over de bakplaat. Druk ze een beetje plat en houd er rekening mee dat de koekjes tijdens het bakken nog wat uitlopen.
Bak de koekjes 15 minuten in de voorverwarmde oven, of tot de randjes goudbruin zijn en de koekjes gaar, maar nog een beetje zacht in het midden.
Lauwwarm zijn ze het allerlekkerst, maar je kunt deze koekjes prima een paar dagen in een goed afgesloten trommel bewaren.

** Over biergist (wat de borstvoeding zou stimuleren) zijn de meningen verdeeld, maar mocht je het willen gebruiken, dan zou ik 2 eetlepels aan dit recept toevoegen, zodat de bittere smaak niet gaat overheersen.*

Invriezen & opwarmen

LIEVELINGSLASAGNE

Laat de lasagne helemaal afkoelen, pak 'm (met schaal en al) in met aluminium- en/of huishoudfolie en vries in. Laat de lasagne een dag in de koelkast ontdooien voor je 'm afgedekt met aluminiumfolie in ca. 30 minuten opwarmt op 180 °C.

QUICHE MET PREI & BELEGEN KAAS

Laat de minestrone helemaal afkoelen, schep in diepvriesbakken of -zakken en vries in. Laat de soep liefst eerst ontdooien in de koelkast voor je 'm opwarmt op laag vuur. Je moet waarschijnlijk wat extra water toevoegen om de ingedikte minestrone iets te verdunnen. Serveer met extra Parmezaanse kaas en basilicum.

INVRIES-BURRITO'S MET CHIPOTLEKIP

Wikkel burrito's die je niet meteen eet goed in aluminiumfolie en bewaar ze in de vriezer. Je kunt de bevroren burrito's opwarmen door ze (zonder aluminiumfolie!) met een vochtig stuk keukenpapier te omwikkelen en ca. 3 minuten op vol vermogen in de magnetron te verwarmen. Gebruik je liever geen magnetron, dan kan het ook in de oven: bevroren burrito's hebben ca. 30 minuten op 180 °C nodig en ontdooide ca. 15 minuten.

CURRYBOWLS MET ZOETE AARDAPPEL

Laat de curry helemaal afkoelen, schep in diepvriesbakjes of -zakjes en vries in. Laat de curry liefst eerst ontdooien in de koelkast voor je 'm opwarmt op laag vuur. Je moet misschien wat extra water toevoegen om de ingedikte curry iets te verdunnen. Serveer met limoen en geraspte kokos.

GEVULDE PASTASCHELPEN MET PARMEZAAN-KRUIDENCRÈME

Laat de pasta helemaal afkoelen, pak 'm (met schaal en al) in met aluminium- en/of huishoudfolie en vries in. Laat de pasta een dag in de koelkast ontdooien voor je 'm afgedekt met aluminiumfolie in ca. 30 minuten opwarmt op 180 °C.

ESPRESSO-BANANENBROOD MET PECANNOTEN

Laat het bananenbrood helemaal afkoelen, snijd in plakjes en stop ze in een goed afgesloten diepvriesdoos of diepvrieszakjes in de vriezer. Laat ze een halfuurtje ontdooien voor gebruik en/of warm ze even op in de magnetron, oven of het broodrooster.

GOT MILK-COOKIES MET MACADAMIA & WITTE CHOCOLADE

Laat de gebakken koekjes helemaal afkoelen voor je ze invriest in een goed afgesloten trommel of zak. Laat een uurtje ontdooien voor je ze eet. Nog lekkerder is om het koekjesdeeg in te vriezen. Laat de ongebakken koekjes op een bakplaat bevriezen en bewaar ze daarna in een goed afgesloten trommel of zak in de vriezer. Bak de bevroren koekjes ca. 2 minuten langer.

THE ALL-DAY
kitchen
Op mijn site thealldaykitchen.com deel ik de lekkerste recepten met verrukkelijke foto's, maar ook fijne adressen die ik tijdens mijn reizen ontdek. Op social media geef ik daarnaast regelmatig een kijkje achter de schermen. Zie ik je daar?

@Denisekortlever
@thealldaykitchen
@Denisekortlever

Van A tot zwangerproof...

REGISTER

REGISTER

REGISTER

& nog heel lang daarna...

GERECHTEN

PREGGERS

BEDANKT

Wat was het heerlijk om dit boek te maken en wat ben ik blij met de hulp die ik daarbij kreeg!

Jantine, wat fijn dat jij vanaf mijn allereerste suggestie enthousiast was en je als uitgever hard hebt gemaakt voor mijn plan. Dankjewel voor je vertrouwen.

Suzanne: *Oh baby!* is alweer ons derde boek en wat was het weer geweldig leuk om met jou samen te werken. Jij weet als geen ander van mijn foto's en teksten een compleet, prachtig vormgegeven boek te vormen. Dankjewel daarvoor!

Dank aan Marjan, Gail, Arthur, Christel en iedereen die achter de schermen van Uitgeverij Unieboek | Het Spectrum aan dit boek heeft meegewerkt.

Dankjewel Esmée, voor mijn zwangere auteursfoto's en de energieke, superfijne sfeer op de set. Dank ook aan Netanya voor altijd weer de allerbeste visagie en Marjolein voor het lenen van je stylish huis.

Er zijn verschillende merken die producten hebben geleverd voor dit boek en ik ben ze daar erg dankbaar voor. Dit boek was niet gelukt zonder de geweldig mooie spullen van Dassie, Keramiek Kantoor, Joolz (dank Hazjar!) en Stokke.

Speciale dank aan Niels en Ianna voor jullie PR-hulp, zelfs vanuit Australië!

Dank aan alle lieve vrienden, collega's en familie (van Brabant tot Austin!) die altijd enorm meeleven en mijn boeken in elke winkel even netjes in het zicht zetten.

Dankjewel Gerdien, Milou, Elisa, Robin, Melissa, Suzanne, Lara, Brenda, Pauline en alle andere vrouwen die ik mocht uithoren over hun zwangerschapscravings.

Lieve pap en mam, zonder jullie hulp had ik dit boek nooit kunnen maken. Dank voor het bijspringen wanneer dat nodig was en jullie onvoorwaardelijke steun.

Dankjewel lieve Pieter, voor al je hulp (nu eens niet als handmodel!) tijdens het maken van dit boek en je nooit aflatende vertrouwen in mij. Ik kan me geen betere medeproever, meelezer, stand-in fotograaf, adviseur en man wensen. X

En tot slot kleine lieve James: mijn baby uit de titel. Als ik ergens dankbaar voor ben, dan is het wel dat ik jouw moeder mag zijn.

Liefs,
Denise

LEES OOK:

All-day breakfast

All-day breakfast is een heerlijk ontbijt- en brunchboek, geïnspireerd op de waanzinnige ontbijtgerechten die Denise Kortlever over de hele wereld proefde. Voor de ontbijter-zonder-tijd zijn er snelle shakes en meeneemontbijtjes om de dag energiek te beginnen. Serveer een romantisch ontbijt op bed met verleidelijke wentelteefjes. Verdrijf je ergste kater met een flinke stapel pancakes of start je dag gezond met verrukkelijke porridge met kokosmelk en amandelen. In het weekend geniet je met familie of vrienden van een uitgebreide brunch vol originele variaties op ontbijtklassiekers en nieuwe favorieten.

176 pagina's
ISBN 978 90 00 34709 4
ISBN 978 90 00 35544 0 (e-book)

All-day bowls

Licht, makkelijk en ontspannen; de bowl staat symbool voor een nieuwe manier van eten. Met de ruim 60 prachtig gefotografeerde recepten in *All-day bowls* is het de hele dag genieten! Het boek is geïnspireerd op de heerlijke recepten in een kom die Denise Kortlever over de hele wereld proefde. Van smoothiebowls met granola als ontbijt, rijk gevulde salades als lunch on the go tot waanzinnige burritobowls bij het diner. Of heerlijk onvervalst comfortfood voor op de bank, zoals een kom pittige pompoenrisotto. En natuurlijk mogen de dessertbowls niet ontbreken. Wat dacht je van supersnel frambozen-vlierbloesemijs?

176 pagina's
ISBN 978 90 00 35242 5
ISBN 978 90 00 35545 7 (e-book)

COLOFON

CONCEPT, TEKST, RECEPTUUR, FOTOGRAFIE EN STYLING
Denise Kortlever

Omslagontwerp en binnenwerk: Suzanne Nuis, Hit! Ontwerp
Auteursfoto's: Esmée Franken
Visagie auteursfoto's: Netanya Luschen
Interieurstyling auteursfoto's: Marjolein Bouhuijzen, MINTS
Auteursfoto blz. 2 en 132: Pieter de Vries

Eerste druk 2018

ISBN 978 90 00 36024 6
ISBN 978 90 00 36025 3 (e-book)
NUR: 440, 850

www.thealldaykitchen.com
www.unieboekspectrum.nl

DISCLAIMER

Oh baby! is bedoeld als inspiratiebron en hulpmiddel. Het boek is met de grootst mogelijke zorgvuldigheid samengesteld en alle recepten zijn gecheckt door een verloskundige. Desondanks aanvaarden de makers geen enkele aansprakelijkheid voor de gevolgen van het gebruik van de recepten en/of informatie dan wel voor eventuele schade als gevolg van onjuiste informatie. Overleg altijd met je verloskundige of gynaecoloog voor persoonlijk advies.

SPECTRUM MAAKT DEEL UIT VAN
UITGEVERIJ UNIEBOEK | HET SPECTRUM BV
POSTBUS 97, 3990 DB HOUTEN